서화잡지

■ **일러두기**

- 이 책은 성해응이 쓴《연경재전집(研經齋全集)》 속집 책16에 수록된 제발 110제(題)를 담은《서화잡지(書畵雜誌)》를 옮긴 것이다.
- 독자의 이해를 돕기 위한 설명으로 간단한 것은 본문의 괄호 안에, 긴 것은 주석으로 달았다.
- 본문의 [ ]의 내용은 문맥을 고려해 옮긴이가 넣은 것이다.
- 독자의 이해를 돕기 위해 서화(書畵) 작품을 도판으로 다수 수록하였으나, 저자가 언급한 작품 중 소실되거나 수록할 수 없는 경우가 많아 대부분 유사한 작품으로 대체하여 수록하였다.

서화잡지

조선 최고의
심미안 성해응의
못 말리는
서화 편력기

성해응 지음 · 손혜리 지금완 옮김

Humanist

차례

서설 _ 8

1 섭국증의 비 _ 23
2 신우비 _ 26
3 고려 공민왕의 필적 _ 30
4 자앙 조맹부의 묵적 _ 32
5 장공 소식의 묵적 _ 34
6 일본에서 온 편지 _ 36
7 십주 구영의 그림 _ 38
8 우리나라 현인들의 필적 _ 41
9 화묘의 비문 _ 46
10 장천의 비문 _ 48
11 왕우군의 필적 _ 49
12 순화각첩 _ 50
13 청허당 편액 _ 52
14 석양정 이정의 그림 _ 53
15 배와첩 _ 55
16 경현첩 _ 57
17 옥동 이서의 필첩 _ 58
18 봉래 양사언의 필첩 _ 61
19 보현비 _ 63
20 우암 송시열의 필적 _ 64
21 사천 이병연의 시첩 _ 66
22 능호 이인상의 편지 _ 68
23 경산 이한진의 전예첩 _ 70
24 정문보가 임모한 역산비 _ 72

25 석고문 _ 74
26 예학명 _ 76
27 자앙 조맹부의 글씨 _ 78
28 배와 김상숙의 편지 _ 79
29 석봉 한호의 천자문 _ 80
30 보현당첩 _ 82
31 집안에 소장된 법첩 _ 83
32 조아비 _ 85
33 증은첩 _ 87
34 오리 이원익의 필적 _ 89
35 미수 허목의 편지 _ 91
36 동춘당 송준길과 노봉 민정중 형제의 편지 _ 93
37 집안에 소장된 옛 편지 _ 95
38 또 다른 옛 편지 _ 98
39 인조대왕 묵죽 _ 103
40 수운 유덕장의 묵죽 _ 104
41 단원 김홍도의 그림 _ 106
42 사천 이병연이 쓴 소헌의 만시 _ 108
43 석파 김용행의 그림 _ 109
44 겸재 정선의 그림 _ 111
45 능호 이인상의 그림 _ 113
46 허주 이징의 그림 _ 115
47 호생관 최북의 그림 (1) _ 116
48 김홍도의 8폭 병풍 _ 118
49 연담 김명국의 그림 _ 119
50 남양 홍가신 청난비 _ 121
51 척주비 _ 122
52 영업의 글씨 _ 124
53 탄연의 글씨 _ 126
54 대감국사비 _ 128

55 혜진탑비 __ 130
56 낭혜화상탑비 __ 132
57 고려의 옛 비 __ 134
58 이인문의 그림 __ 135
59 겸가당아집도 __ 137
60 준풍 __ 139
61 인각사 비문 __ 140
62 김생의 필적 __ 142
63 충정공의 묵적 __ 144
64 오정 이의병의 필첩 __ 145
65 경산 이한진이 쓴 〈침병소기〉 __ 147
66 무목 악비의 필적 __ 148
67 종요의 묵적 __ 150
68 왕씨의 진적 __ 152
69 난정첩 __ 154
70 호생관 최북의 그림 (2) __ 156
71 흥법비 __ 158
72 만계 정방의 그림 __ 160
73 다호비 __ 161
74 도산기 __ 162
75 도산십이곡 __ 163
76 부채 그림 __ 165
77 안진경의 〈녹포첩〉 잔결본 __ 167
78 석치 정철조의 그림 __ 169
79 예학명 필첩 __ 171
80 정료위의 인장 __ 173
81 동방화상찬 __ 174
82 석대효경 __ 175
83 성교서 __ 178
84 창려집 __ 180

85 백월서운탑비 _ 181
86 양봉 나빙의 난 그림 _ 184
87 수옥 장도악의 그림 _ 186
88 표암 강세황의 그림 _ 187
89 해양 나열의 필적 _ 189
90 월촌 나걸의 묵적 _ 191
91 수헌 서무수의 필적 _ 193
92 설옹 유후의 필적 _ 195
93 원교 이광사의 필적 _ 196
94 다시, 성교서 _ 198
95 조맹부가 쓴 〈주금당기〉 _ 200
96 악의론 _ 202
97 조맹부의 초서 천자문 _ 203
98 오도자의 그림 _ 204
99 연광정 편액 _ 206
100 한수재 권상하의 묵적 _ 207
101 율곡 이이의 묵적 _ 209
102 수운정 편액 _ 211
103 능호 이인상의 전서 _ 212
104 백사 이항복의 필적 _ 213
105 상서석경 _ 214
106 안기의 낙관 _ 215
107 참봉 이광려의 글씨 _ 217
108 자하 신위의 묵죽 _ 218
109 봉래 양사언의 필각 _ 220
110 맹영광의 그림 _ 222

원문 _ 223

서설

서화에 매료된 18세기 조선 지식인

1. 18세기 조선 화단과 서화제발

조선시대 사대부 문인들이 서화를 감상하고 소장하는 취미는 고려시대에 형성된 이후 점차 확산되었고, 특히 18세기에 이르러 보편화되면서 서화를 감상·소장하고 이를 기록하여 문학으로 남기려는 경향이 나타났다. 정치사회적으로 안정되고 도시경제가 성장하면서 다양한 문화적 욕구가 분출되었던 영·정조 시대에 서화를 감상하고 비평을 기록한 제발(題跋)이 활발하게 창작되기 시작한 것이다.

명(明)의 학자 서사증(徐師曾)은《문체명변(文體明辨)》에서 "경전(經傳)과 자사(子史), 시문(詩文)과 도서(圖書) 등은 앞에 서문이 있고 뒤에 후서(後序)가 있으면 그것으로 충분하다. 그 뒤에 열람하는 자들이 다른 사람의 요구에 의하거나 혹은 느낀 바가 있어 다시 글을 지어 마지막 쪽에 엮어두는 일이 생겼는데, 그것을 제발(題跋)이라고 한다."라고 제발을 정의한 바 있다.

18세기에는 이용휴(李用休)·강세황(姜世晃)·이영유(李英裕)·성해응(成海應)·남공철(南公轍)·서유구(徐有榘) 등이 서화에 대한 제발들을 남겼다. 먼저 서화의 가치를 적극적으로 인정한 이용휴는 내용과 형식 면에서 참신한 제발을 구사하였다. 18세기 예원(藝苑)의 총수로 불리던 강세황은 조선과 중국의 다양한 인물에 대한 76편의 서화제발을 남겼다. 이영유는 경학과 음률에 조예가 깊은 것은 물론 서화에도 고도의 감식력을 지녔던 인물로, 60여 편의 서화제발을 기록하였다. 서유구는 《임원경제지(林園經濟志)》〈유예지(遊藝志)〉에서 중국의 서화 이론에 대해 체계적으로 기술하였고, 〈이운지(怡雲志)〉에서는 서화 수장과 감상에 대한 구체적인 방법을 탐색하였다.

이들 중 성해응과 남공철은 제발만을 따로 분리하여 《서화잡지(書畫雜誌)》와 《서화발미(書畫跋尾)》라는 독립된 책을 남길 만큼 많은 분량의 제발을 남겼다. 성해응의 《서화잡지》는 《연경재전집(研經齋全集)》 속집 책16에 수록된 제발 110제(題)를 담았다. 대부분 조선의 서화가들과 작품에 대한 기록들이다. 남공철의 《서화발미》는 《금릉집(金陵集)》 권23, 24에 수록된 제발 116제이다. 이는 모두 중국의 서화가와 작품에 관한 기록이라는 점에서 그의 서화에 대한 관심이 중국에 경도되어 있음을 짐작할 수 있다.

성해응의 《서화잡지》는 18세기 조선을 대표하는 서화가들과 작품에 대한 인상 비평이 주를 이루는 만큼, 서화에 대한 한 사람의 관심과 취향, 심미안 및 당대를 대표하는 작품에 대한 흥미롭고도 유용한 정보를 다수 확인할 수 있다. 이를 통해 우리는 성해응의 서화 취미와 감상 및 비평의 실상을 파악하고 18세기 조선 화단의 분위기와 흐름을 들여다볼 수 있을 것이다.

2. 서족 명문가 출신의 검서관, 성해응

성해응(1760~1839)의 자는 용여(龍汝), 호는 연경재(硏經齋)·난실(蘭室), 본관은 창녕(昌寧)이다. 집안 대대로 경기도 포천 지역에 거주하였다. 그의 가문은 5대조 성후룡(成後龍)이 인조 때 우의정을 지낸 김상용(金尙容)의 서녀(庶女)와 혼인하면서 서족이 된다. 김상용은 병자호란 당시 인조를 호종하다 강화도가 함락되자 자결한 인물로, 청(淸)이 명을 공격하기 위해 요구한 출병에 반대하는 상소를 올렸다가 청에 압송된 좌의정 김상헌(金尙憲)은 그의 동생이다. 이러한 혼맥을 통해 성해응의 집안은 안동김씨(安東金氏) 집안과 긴밀한 관계를 유지하게 된다. 《서화잡지》에 김상용·김상헌 형제를 비롯하여 김수증(金壽增)·김창흡(金昌翕) 및 그의 제자 이병연(李秉淵)의 글씨가 수록되고 자주 언급된 것은 이 때문이다.

성후룡의 아들이자 성해응의 종고조인 성완(成琬)은 시에 뛰어나 1682년(숙종 8) 임술사행에 제술관으로 참여하였으며, 이를 계기로 일본에서도 이름을 떨쳤다. 종증조 성몽량(成夢良)은 1719년(숙종 45) 기해사행에 서기로 참여하였고, 부친 성대중(成大中)은 문과에 급제한 뒤 1763년(영조 39) 계미사행에 서기로 종사하여 문명(文名)을 높였다. 통신사행의 제술관이나 서기에는 문한(文翰)이 뛰어난 서족 출신의 인물이 주로 선발되었는데, 3대가 연이어 통신사행에 참여한 것은 조선 통신사행에서 성해응 가문이 유일하다. 이는 성해응 집안이 문학적 역량을 공인받았음을 잘 말해준다. 일본 서화에 관한 제발 3편이 《서화잡지》에 수록된 것은 이러한 배경에 기인했다. 또 이 집안은 16세조(世祖)인 성완·성경(成璟) 형제로부터 22

세조인 성준영(成駿英)·성준용(成駿容) 형제에 이르기까지 7세대 동안 끊임없이 사마시 합격자를 배출하였다. 더욱이 성대중은 조선조에서 몇 손가락 안에 꼽히는 서족 출신의 문과 합격자이다. 이처럼 성해응 집안은 제술관과 서기 등 세직(世職)으로서 통신사행에 참여하고, 7대에 걸친 연이은 사마시 합격자를 배출하며 조선 후기 서족 명문가로서의 위상을 공고히 하였다.

성해응은 24세 되던 1783년(정조 7)에 진사시에 합격한 뒤 29세에 규장각 검서관으로 중앙에 진출하였다. 정조(正祖)가 규장각을 설치하고 서족 출신의 뛰어난 인재를 검서관으로 등용한 것은 잘 알려진 사실이다. 성해응은 1800년에 정조가 서거할 때까지 줄곧 검서관으로 재직하면서 각종 국가 편찬 사업에 참여하였다. 이때 규장각에 소장된 많은 국내외 진귀한 서적을 열람하였고, 이덕무·유득공·박제가·이서구 등 당대를 대표하는 학자들과 교유하며 학적 역량을 높였다. 훗날 성해응은 이 시기를 인생에서 가장 빛났던 시절로 회고하며 그리워하기도 하였다.

정조 사후 성해응은 상의원별제(尙衣院別提), 통례원인의(通禮院引儀), 금정찰방(金井察訪), 음성현감(陰城縣監) 등을 거쳐 1815년에 고향 포천으로 돌아가 은거하였다. 이후 저술에 몰두한 결과 150여 권에 달하는《연경재전집》을 저술하였다. 그리고 1839년(헌종 5) 80세의 나이로 세상을 떠났다. 영의정 조인영(趙寅永)은 "백 년 이전은 내가 모르겠고, 이후에 이러한 사람은 없을 것이다."라고 그의 죽음을 애도하였으며, 성해응의 조카 성우증(成祐曾)은 백부의 삶을 "지위가 덕을 충족시키지 못하였다."라며 안타까워하였다.

성해응의 조부 성효기(成孝基)가《동시화보(東詩畫譜)》를 마무리하지 못하고 죽자, 성해응의 동생 성해운(成海運)이 그 뜻을 받들어 완성하였으며, 성해응은 서문 〈동시화보서(東詩畵譜序)〉를 쓴 바 있다. 현재 《동시화보》가 전하지 않아 전모를 파악할 수 없지만, 서문을 통해 대략적인 특징을 간취할 수 있다. 성효기는 《당시화보(唐詩畵譜)》의 체제를 따라 《동시화보》를 편찬하고자 하였다. 명의 만력(萬曆, 1573~1615) 연간에 간행된 《당시화보》는 당대 최고의 서화가들이 참여하여 시(詩)·서(書)·화(畵)·각(刻)의 사절(四絶)이 어우러진 저술이다. 즉 성효기는 우리나라의 시와 그림, 글씨를 모아 《동시화보》를 편찬하려 한 것이다.

성해응의 부친 성대중은 문과에 급제한 이후 서족 출신으로는 이례적인 종3품 북청도호부사를 역임하였는데, 이는 조선 왕조에서 서족 출신으로 가장 높은 품계에 오른 것이다. 그는 학문적 역량이 뛰어난 데다 성품이 온화하며 40여 년 동안 관직 생활을 하여 교유 관계가 매우 폭넓었다. 특히 성대중은 그림이나 글씨, 음악 등 예술적 성취가 높은 인물들과 자주 모임을 가졌으며, 이 자리에는 아들 성해응이 동참하였다. 그중에서도 나열(羅烈)·이한진(李漢鎭)·김상숙(金相肅)과 절친하였다. 나열은 동생 나걸(羅杰)과 함께 형제가 시문과 글씨를 잘 쓰는 것으로 이름이 났는데, 나걸의 《필경(筆經)》에 성대중이 서문을 써주기도 하였다. 이한진은 전서(篆書)를 잘 써서 세상에 널리 알려졌으며, 통소를 잘 불어 홍대용의 거문고와 짝을 이룰 정도였다고 한다. 김상숙은 서울에서 살던 직하(稷下)라는 골목 이름을 딴 '직하체(稷下體)'로 유명할 만큼 서체로 널리 알려진 인물이며, 당시 비석을 쓰는 사람은 모두 김상숙의 글씨를 구했다고 한다. 성대중 또한 "붓을 잡으면 글씨가 날아오를 것 같다."라는 평가를 받을 만큼 글씨에 뛰어났다.

성대중의 이러한 교유 관계는 대부분 아들 성해응에게 이어졌다. 성해응은 어려서부터 부친을 따라 예술적 모임에 자주 참여하고, 뛰어난 서화가들과 친하게 지냈다. 나열·나걸·이한진·김상숙의 서화에 대한 기록이 《서화잡지》에 많이 수록된 것은 당연한 결과이다. 이처럼 성해응은 조부 성효기와 부친 성대중의 영향을 받아 예술 모임에 자주 참여하여 분위기에 무젖었고, 당대 뛰어난 서화가들과 교유하며 서화에 남다른 관심과 식견을 갖게 되었다.

3. 서화에 대한 취(趣)와 수집과 소장

"나는 아침저녁으로 이것을 감상하면서 잠시도 손에서 놓지 않았다.(〈보현당첩〉)"라는 성해응의 기록에서 〈보현당첩(寶賢堂帖)〉은 명의 진정왕(晉靖王) 주기원(朱奇源)이 세자로 있던 1496년(홍치 9)에 왕진(王進)에게 명하여 편찬한 《보현당집고법첩(寶賢堂集古法帖)》을 말하며, 명에서 두 번째로 유명한 총첩이다. 이 책이 조선에 유입된 경로에 대해서는 자세히 알 수 없으며, 탑본이 정밀하여 성해응이 매우 아꼈던 것으로 보인다. 또 음성군수로 재직할 때 그는 당의 문인 한유(韓愈)가 쓴 《창려집(昌黎集)》 판본을 얻은 적이 있는데, 안평대군이 글씨를 쓴 것으로 필획이 화려하고 아름다워 잠시도 손에서 놓지 않았다고 고백한 바 있다(〈창려집〉). 실제 성해응은 안평대군을 우리나라 서법에서 종장으로 평가하였다. 이처럼 서화에 대한 관심과 애정은 이 책 곳곳에서 확인할 수 있으며, 이는 자연스럽게 서화를 소장하려는 욕구로 이어진다. 성해응 집안에는 간찰과 서첩 등 집안 대대로 전해오는 귀중본이 다수 있었던 것으로 확인된다.

성해응은 〈집안에 소장된 옛 편지〉에서 "곡운(谷雲)의 편지는 진사부군(進士府君)에게 보낸 것이다. …… 이사천(李槎川)의 편지 한 통은 소헌공(嘯軒公)에게 보낸 것이다."라고 밝혔다. 여기서 진사부군은 성해응의 고조부 성경을, 소헌공은 성해응의 종고조 성몽량을 가리키는 것으로, 그가 곡운 김수증과 사천 이병연이 성경과 성몽량에게 준 편지를 집에 소장하고 있음을 말한 것이다. 또 〈집안에 소장된 법첩〉에서 "우리 집에 소장된 법첩 중에 조맹부(趙孟頫)·동기창(董其昌)·주지번(朱之蕃)·여사담(呂思澹)·아극돈(阿克敦)의 글씨를 모아 한 권으로 만든 것이 있는데, 모두 필적이 선명하니 더욱 진귀하여 감상할 만하다." 하고, 〈우리나라 현인들의 필적〉에서는 "내가 전에 집안의 옛 묵적을 열람하다가 퇴계(退溪) 선생의 글씨 두 폭과 청송(聽松) 선생의 글씨 한 폭, 옥산(玉山)의 글씨 한 폭을 찾은 적이 있는데, 글씨가 모두 그분들의 성품과 비슷하였다."라며, 중국의 유명 서화가와 조선 문인들의 법첩 및 필적을 소장하고 있음을 거듭 밝히고 있다. 서화 수집이 성해응과 성대중뿐 아니라 집안 대대로 전해오는 전통임을 다시 한 번 확인할 수 있다. 그런 만큼 후손들에게 귀하게 여기고 잘 간직하여 잃어버리지 말 것을 특별히 당부하였다.

4. 《서화잡지》의 구성과 내용상 특징

《서화잡지》는 조선과 중국 및 일본, 그리고 신라시대의 김생(金

生)으로부터 18세기에 활동한 서화가에 이르기까지, 시공간을 통섭하여 다양한 예술인과 서화 작품에 대한 기록이다. 중국 서화에 대한 제발 27제, 일본 서화 제발 3제, 조선과 관련한 제발 80제로 모두 110제가 수록되어 있다.

좀 더 구체적으로 살펴보면, '글씨[書]'에 대한 기록이 85제로 '그림[畵]'에 대한 기록 25제보다 비중이 훨씬 높다. 또 조선의 서화가와 서화에 대한 제발이 중심을 이루고 있다. 더욱이 정선(鄭敾)·김홍도(金弘道)·최북(崔北)·강세황(姜世晃)·나열·김상숙·이인문(李寅文) 등 성해응과 동시대에 활동한 18세기 대표 서화가와 서화 작품에 대한 제발이 상당수를 차지한다. 그러므로 《서화잡지》는 '18세기 조선' 서화가들의 '글씨'를 중심으로 한 서화 감상과 비평에 대한 기록이라고 할 수 있다.

《서화잡지》에 수록된 제발은 길이가 매우 짧다. 200여 자에 이르는 비교적 긴 것도 있지만, 20~50자에 이르는 것이 대부분이다. '제발'이라는 문체의 특징상 분량이 간략하다는 점을 염두에 두더라도, 《서화잡지》는 전체적으로 분량이 매우 소략하다.

> 이것은 단원 화사(檀園畵師)의 〈화조도(花鳥圖)〉이다. 내가 생각하기에, 한 번에 붓을 휘두른 것으로 그다지 유념해서 그린 것은 아닌 듯하다. 그러나 빼어난 기운이 끊임없이 부드럽게 오르내리는 듯하니 참으로 훌륭한 작품이다. 화폭마다 모두 선친께서 직접 쓰신 글이 있으니, 자손 된 입장에서 귀하게 여기고 잘 간직해서 잃어버려서는 안 될 일이다.(〈단원 김홍도의 8폭 병풍〉)

김홍도는 조선 후기를 대표하는 화가로 18세기 당시 이미 화가로서 최고의 명성을 누린 인물이다. 성해응은 김홍도가 심사정(沈師正)과 정선에게 수학한 사실을 밝혔는데, 이는 석법(石法)과 수파묘(水波描) 등의 영향을 받은 사실을 기록한 것으로 보인다. 김홍도의 화가로서의 위치와 사승(師承) 관계, 정조의 어진(御眞)을 그려 연풍현감이 된 사정과 〈구룡연(九龍淵)〉에 대한 평을 중요한 사실을 중심으로 간략하면서도 명료하게 60글자 안에 서술하였다. 조선 후기 문인들의 김홍도에 대한 제발 중에서도 단연 가장 짧은 기록인데, 조선 후기 최고의 화가인 김홍도에 대해 이처럼 짧게 기록한 것으로 보아 짧은 분량은 오히려 《서화잡지》의 형식적 특징이라 할 수 있다.

원교(圓嶠) 이광사(李匡師)는 어려서 백하 윤순에게 글씨를 배웠는데, 격조와 필력은 그보다 뛰어났다. 집안의 죄에 연좌되어 북쪽 변방으로 유배되었다가 다시 남해의 섬으로 이배되었다. 원교는 재주가 뛰어났지만 침울하고 곤궁하여 평안치 못한 기운이 글씨에 그대로 드러났기 때문에 지나치게 기이하고 거칠다. 시 역시 웅장하고 막힘이 없었으니 〈녹각침(鹿角枕)〉 시를 짓고 직접 글씨를 쓴 몇 장이 세상에 전해진다. 당시 비문의 글씨는 대부분 그의 손에서 나왔다.

내가 우의정 이태좌(李台佐)의 비문을 본 일이 있는데 아주 훌륭하여 한·당 시대의 여러 비석에 견주어도 부끄러울 것이 없었다. 일찍이 그는 상자에 가득한 글씨를 첩에게 주어 생활하도록 해주었다. 원교가 약산도(藥山島)에서 죽자, 그 첩이 글씨를 판다는 소식을 들은 사람들은 다투어 높은 가격으로 사들여 마침

내 세상에 널리 전해지게 되었다. 남쪽 사람들 중에 그의 서법을 모방한 이가 가장 많았다.(〈원교 이광사의 필적〉)

이광사는 소론 명문가 출신인데 당파 싸움에 휘말려 폐족이 되었고, 자신은 전라도 외딴 섬 신지도(薪智島)로 유배되어 그곳에서 생을 마감했다. 성해응이 그의 글씨를 두고 마음속의 불평한 기운이 그대로 드러나 글씨가 지나치게 기이하고 험벽하다고 평가한 것은 바로 이러한 상황을 두고 말한 것이다. 이처럼 성해응은 재주가 뛰어나더라도 지나치게 기이하고 거친 글씨에 대해 부정적으로 평가했는데, 이는 위급한 상황에 처하더라도 마음을 수양하지 못하고 울울한 심정이 그대로 글씨에 표현되는 것을 비판한 것으로, 성해응이 도와 학문에 바탕을 둔 서화를 지향했음을 의미한다. 분량은 짧지만 이광사 서체에서 가장 중요한 두 가지를 포착한 이 글을 통해, 그가 서화가나 그들의 작품에서 중요한 특징을 간결하면서도 적실하게 서술하고 있음을 알 수 있다. 아울러 이광사가 신지도 유배 시절 만난 첩에게 써준 글씨들이 그의 사후 비싼 가격에 팔렸다는 일화도 함께 기록하여, 그동안 잘 알려지지 않았던 서화가나 주변 사실을 복원하여 조선 후기 서화사를 더욱 풍성하게 만들고 있다.

한편, 성해응은 고금(古今) 문사들의 서화와 관련하여 전하는 기록 중 오류가 있으면 다양한 자료를 확인하고 증거를 원용(援用)하여 고증하고자 하였다. 다음 글은 이러한 특징이 잘 드러난다.

양용수(楊用修)가 다음과 같이 말했다.

"고금의 명사(名士) 중에 형산(衡山)의 우비(禹碑)에 대해 말한 이가 한둘이 아니었는데, 유우석(劉禹錫)과 한창려(韓昌黎) 모두 이를 보지 못하였고, 회옹(晦翁)과 남헌(南軒)도 남악(南嶽)을 유람할 때 우비를 찾아보려 했지만 그 뜻을 이루지 못했다."

왕상지(王象之)는 《여지기승(輿地紀勝)》에서 이렇게 말했다.

"신우비(神禹碑)는 구루봉(岣嶁峯)에 있다고도 하고, 운밀봉(雲密峯)에 있다고도 전해지는데 예전에 나무꾼이 그것을 보았다고 했다. 송나라 가정(嘉定) 연간에 촉(蜀)의 선비가 나무꾼을 데리고 그곳으로 가서 종이로 비문 70여 자를 탁본하여 기문관(夔門觀)에 새겨놓았는데 나중에 모두 없어졌다. 근래 첨헌(僉憲) 장계문(張季文)이 장사(長沙)에서 이것을 얻었다고 하지만, 이 탁본은 송나라 가정 연간에 하치 자일(何致子一)이 악록 서원(嶽麓書院)에 새겨놓았던 것이다."

고정림(顧亭林)은 이에 대해 이렇게 말했다.

"한나라 이전에는 이런 비가 보이지 않는다. 하자일(何子一)이 축융봉(祝融峯) 아래에서 처음 발견하여 손수 모각해서 전한 후에 형산 수령이 찾아보았지만 이미 그 장소를 찾을 수 없었다. 지금 우비라고 말하는 것은 글자가 기이하여 서법에 맞지 않고 문장이 이상하여 조리가 없으며 운자가 이상하여 옛 법에 맞지 않으니, 위작으로 판단된다."

이 두 사람의 의견을 살펴보면 지금 전해지는 신우비는 바로 하자일이 판각한 본이다.

낭선군(朗善君)이 연경(燕京)에 갔다가 비문 탁본을 얻었는데 그 내용 가운데 '승제왈차, 익보좌경(承帝曰嗟 翼輔佐卿)' 등의 구절이 있으니, 바로 이런 부분이 고염무가 말한 조리에 맞지 않는 부분이다. 요순 시절에 어찌 '경(卿)'이라고 부른 적이 있었겠는가. 다른 것들도 모두 이와 같이 유추해볼 수 있다.

신우비는 중국 하(夏)나라 우(禹)임금이 홍수를 다스린 후 구루산(岣嶁山) 벽에 업적을 새긴 것으로, 석각(石刻) 중 가장 오래된 것이라 전한다. 후대 문인들은 신우비를 직접 보기 위해 답사하거나 그와 관련하여 많은 시문을 저술하기도 했는데, 신우비의 소재와 글자 수에 대해 끊임없는 의문이 제기되었고 성해응은 이를 명확히 밝히기 위해 명나라 학자 양신(楊愼)이 《승암집(升庵集)》에 남긴 글을 인용하였다. 그는 신우비를 답사한 양신과, 신우비가 위작임을 주장하고 근거를 제시한 고염무의 기록을 두루 살펴 신우비가 하치 자일의 판각본임을 확신하였다. 또 그는 낭선군(朗善君) 이오(李俁)가 연행에서 얻은 신우비 구절 중 '승제왈차, 익보좌경(承帝曰嗟, 翼輔佐卿)'이 바로 고염무가 말한 '조리에 맞지 않는' 부분이며, 당우시대에는 '경(卿)'이라고 일컬은 사실이 없음을 지적하여 신우비의 위작을 여러 서적과 자신의 식견에 근거하여 논리적으로 입증하였다. 그리고 여러 전거를 인용하여 서화의 진위 여부를 규명하는 데서 나아가 자신의 감식안을 바탕으로 저자를 고증하기도 하였다.

〈경현첩(景賢帖)〉은 염계(濂溪)·명도(明道)·이천(伊川)·횡거(橫渠)·회암(晦菴) 다섯 선생의 화상(畫像)으로 이루어졌다. 왼쪽에 다섯 선생에 대한 찬(贊)을 자세히 썼고, 하단은 바로 한음(漢陰) 이상국(李相國)의 글씨이다. 찬은 누가 쓴 것인지 모르겠다. 어떤 이는 현재(玄宰) 동기창(董其昌)의 글씨라고 하는데, 현재의 필법은 수려하고 자연스러우니 어떻게 이처럼 장중한 글씨가 그의 글씨라 할 수 있겠는가.
한음은 본래 글씨로 유명한 분은 아니지만 자획이 매우 정교하니 아마 덕(德)이 높아 글씨 솜씨가 가려진 듯하다.(〈경현첩〉)

이 글은 송의 학자 주돈이(周敦頤)·정호(程顥)·정이(程頤)·장재(張載)·주희(朱熹) 등 다섯 선생의 초상화 위에 조선 중기 문신 이덕형(李德馨)의 글씨가 더해진 것에 쓴 제발이다. 성해응은 〈경현첩〉의 글씨가 명의 유명 서화가인 동기창의 글씨라고 전해지지만 실상 그렇지 않을 수도 있음을 조심스레 제기하였다. 〈경현첩〉의 필법이 장중하여 동기창의 수려하고 자연스러운 필법과는 다르다는 점을 주목하여, 〈경현첩〉의 글씨가 동기창의 것이 아님을 완곡하게 드러내었다. 이는 무엇보다 중국과 조선을 아울러 서화가와 서화에 대한 성해응의 남다른 식견과 감식안이 바탕이 되었다.

6. 《서화잡지》의 의의

이처럼 성해응은 서화와 고동(古董) 등에 뛰어난 취향과 식견이 있었으며, 그 결과 우리나라 서화사에 걸출한 족적을 남긴 인물을 망라하여 《서화잡지》 110제를 기록하였다. 《서화잡지》는 조선과 중국, 일본 및 신라시대부터 성해응과 동시대 인물에 이르기까지 시공간을 통섭하였으며 그중에서도 18세기 조선의 글씨가 중심을 이루고 있다. 서화가 개인에 대한 간략한 인적사항과 더불어 시문과 화풍의 특색, 시문과 화풍의 연관성, 서화와 관련된 일화, 사승 관계에 대해 간략하면서도 적실하게 묘파하였다. 이는 《서화잡지》의 중요한 특징 중 하나로 성해응의 기록 태도와 긴밀하게 연동된다.

또 그는 고금 문사들의 서화 관련 기록 중 자신의 견해와 다르거나 오류가 있으면 다양한 자료와 전거를 활용하여, 작품의 진위 여부를 규명하고 나아가 자신의 감식안을 바탕으로 저자를 고증하였다. 기록의 객관성을 담보하고 지향한 것이다. 이를 통해 문학뿐 아니라 서예와 미술, 역사 등 유관한 인접 학문 분야에 일차 자료로서의 가치가 크다. 또 다양한 학예(學藝) 인물에 대한 기록을 제시함으로써 그동안 잘 알려지지 않았던 작가상을 복원하여 18세기 문화와 예술을 이해하는 데 도움이 될 것이다.

따라서 성해응의 《서화잡지》는 18세기 조선 서화가와 작품을 중심으로 특징적인 국면을 간략하게 기록한 것으로, 본격적인 비평서라기보다 서화에 대한 취와 식견을 지닌 한 지식인의 서화 감상에 대한 단편 기록이라고 보는 것이 타당하다. 그러나 짧은 편폭에도 무척 예리하여, 서화가들의 특성과 작품의 장단점에 대한 서술은 독자들의 공감대를 형성할 것이다. 본 번역을 통해 성해응 개인의 서화에 대한 취미와 감상 및 비평의 실체를 파악하고 더 나아가 동아시아 문화와 예술을 이해하는 데 도움이 되기를 기대한다.

2016년 2월

손혜리

1

섭국중의 비문

우리 집에 이북해(李北海)[1]가 쓴 유도(有道) 섭국중(葉國重)[2]의 비문(碑文)이 있다. 섭국중은 신선술로 유명했던 인물이다. 비문은 일본 사람 한천수(韓天壽)[3]가 원본과 똑같이 돌에 새긴 것으로, 고아하고 힘 있는 필체이면서도 세속을 초월한 정취를 물씬 풍긴다. 한(漢)·당(唐) 시대의 비판(碑版) 중 상당수가 일본으로 유입됐는데, 일본에서 번각(翻刻)[4]한 것은 대부분 필체가 가늘지만 힘찬 필법으로 쓰여, 섬세하고 정교한 것이 중국의 투박한 탑본보다 훨씬 낫다.

역사서에 "이북해는 평소 자신의 재주를 믿고 거만하게 굴다가 요숭(姚崇)[5]과 장열(張說)[6]에게 미움을 받아 외지로 쫓겨났으며 영남의 도적을 토벌할 때 공을 세워 여러 고을의 자사(刺史, 주의 행정장관)로

---

1 이옹(李邕, 678~747)을 말한다. 천보(天寶, 당 현종[玄宗] 때의 연호) 초에 북해태수(北海太守)를 지냈기 때문에 '이북해'로 불렸다. 자는 태화(泰和)이며, 양주(揚州) 강도(江都) 출신이다. 왕희지(王羲之)와 왕헌지(王獻之)의 필법을 본받아 개성 있는 글씨를 썼고, 특히 해서와 행서로 비석 글씨를 잘 썼다. 사람됨이 정직해 재상 이임보의 미움을 받아 죽임을 당했다. 저서로 《이북해집(李北海集)》이 있다.

2 섭국중(葉國重, ?~?)은 남조(南朝)시대 양(梁, 502~557)과 진(陳, 557~589)에 걸쳐 살았던 인물로 남양(南陽) 섭현(葉縣, 지금의 하남 섭현) 사람이다. 자는 아진(雅鎮)이며, 길흉화복을 잘 예언하여 세상 사람들이 유도선생(有道先生)이라 불렀다.

3 한천수(韓天壽, 1727~1795)는 에도시대 중기의 일본 서예가이다. 자는 대년(大年)이며, 호는 취진재(醉晉齋)·삼악도자(三岳道者)이다. 왕희지와 왕헌지의 필법을 연구하였고, 전각에 능했다.

4 한 번 새긴 책판(冊板)이나 비판(碑版) 등을 본보기로 삼아 다시 새기는 것을 말한다.

옮겨 다녔다."라고 하였다. 이 비문은 그가 괄주(括州)[7] 자사로 있을 때 쓴 것이다. 이북해는 훗날 이임보(李林甫)[8]의 모함을 받아 죽었다. 재주 있는 선비치고 절개까지 갖춘 사람은 보기 어려운데, 이북해는 참으로 재주와 절개를 둘 다 갖춘 사람이었다. 장역지(張易之) 형제의 세력에 꺾여[9] 낮은 지위에 있었지만, 위험을 무릅쓰고 아첨하는 신하들을 비판하며 곧은 논의를 펼쳤으니, 이런 사람이 어찌 보잘것없는 사람이겠는가. 이북해의 죽음은 이임보가 당 숙종(肅宗)을 부추긴 탓이었으니, 종묘사직에 관계된 일이다.

그러나 아무리 재주가 뛰어나고 명망이 두터울지라도 남을 업신여기고 세상의 흐름을 거스른 사람은 모두 화를 당하고야 말았으니, 어찌 이북해만 그러했겠는가.

---

5 요숭(姚崇, 650~721)은 자는 원지(元之)이며, 섬주(陝州) 협석(硤石) 출신이다. 본명은 원숭(元崇)인데 현종의 연호를 피해 요숭으로 바꾸었다. 붓을 들면 곧바로 문장이 나올 만큼 실력이 있었으며, 송경(宋璟)과 함께 개원(開元)의 명재상으로 추앙되었다.

6 장열(張說, 667~731)은 자는 도제(道濟)·열지(說之)이며, 당나라 하남(河南) 낙양(洛陽) 출신이다. 측천무후(則天武后) 때 태자교서(太子校書)를 역임하였다.

7 수당(隋唐)시대의 행정구역 명칭으로 절강성 처주(處州)를 말한다. 괄주와 처주가 번갈아 사용되었다.

8 이임보(李林甫, 683~753)의 호는 월당(月堂)이다. 형부(刑部)와 이부 시랑(吏部侍郞), 예부상서, 동중서문하삼품(同中書門下三品) 등을 역임했다. 교활하고 권모술수에 능하여 '구밀복검(口蜜腹劍)'이라는 고사성어가 그에게서 유래되었다.

9 장역지(張易之)·장창종(張昌宗) 형제는 측천무후의 총애를 업고 조정에서 횡포를 부렸으며 측천무후 사후에는 스스로 황제로 등극할 궁리까지 했는데, 이옹이 측천무후에게 이들을 멀리할 것을 간언하다가 쫓겨났다.

섭유도비(葉有道碑) 탁본
이옹이 쓴 섭국중의 비문을 탁본한 것으로, 필체가 힘이 있으면서 고아하여 세속을 초월한 정취가 있다.

2

신우비

양용수(楊用修)[1]가 다음과 같이 말했다.

"고금의 명사(名士) 중에 형산(衡山)의 우비(禹碑)[2]에 대해 말한 이가 한둘이 아니었는데, 유우석(劉禹錫)과 한창려(韓昌黎) 모두 이를 보지 못하였고[3], 회옹(晦翁, 주희)과 남헌(南軒, 장식)[4]도 남악(南嶽)을 유람할 때 우비를 찾아보려 했지만 그 뜻을 이루지 못하였다."

---

1 양신(楊愼, 1488~1559)을 말한다. 용수는 자이며, 호는 승암(升菴)이다. 명나라 중기 사천(四川) 신도(新都) 출신으로, 1511년(무종 6) 과거에 장원급제하여 한림수찬(翰林修撰)에 임명되었다. 경학과 시문이 탁월했으며 박학하기로 이름이 높았다. 저서에 《승암집(升菴集)》과 《단연총록(丹鉛總錄)》 등이 있다.

2 우비(禹碑)는 신우비(神禹碑)·형산비(衡山碑)·구루비(岣嶁碑)라고도 한다. 중국 호남성(湖南省) 형산현(衡山縣) 운밀봉(雲密峯)에 있는 비로, 우(禹)가 치수(治水)할 때 새긴 것이라는 말이 전해오는데, 실제로는 그보다 후대에 만들어진 것으로 알려져 있다. 형산은 중국 오악(五嶽) 중의 하나인 남악(南嶽)으로 호남성에 있으며, 현재 행정구획으로는 형양시(衡陽市) 남악구(南岳區)에 속한다. 허목(許穆, 1595~1682)의 《기언(記言)》 별집 제9권 〈형산비기(衡山碑記)〉에 신우비에 관한 내용과 신우비 탁본이 우리나라에 전해진 과정이 자세하게 서술되어 있다.

3 한창려는 한유(韓愈, 768~824)를 말하며 당나라 문인으로 자는 퇴지(退之)이고 하남 하양(河陽) 출신이다. 〈구루산(岣嶁山)〉 시에서 "구루산 꼭대기의 신우비, 푸른 글씨 붉은 비석 그 필체 기이하다 하여…… 백방으로 찾았지만 어느 곳에 있는지, 빽빽한 나무에 슬피 우는 원숭이뿐.(岣嶁山尖神禹碑, 字靑石赤形摹奇…… 千搜萬索何處有, 森森綠樹猿猱悲.)"이라고 하였다. 유우석(劉禹錫, 772~842)은 당나라 낙양(洛陽) 출신으로 자는 몽득(夢得)이다. 〈송이책수재환호남인기막중친고겸간형천려팔랑중(送李策秀才還湖南因寄幕中親故兼簡衡川呂八郞中)〉 시에서 "전해지는 얘기로는 축융 봉우리, 그 위에 신우명이 있다 하던데. 예스러운 비석은 옥돌과 같고, 신비한 글씨는 용과 범의 모습이라네.(傳聞祝融峯, 上有神禹銘. 古石琅玕姿, 秘文龍虎形.)"라고 읊었다. 이로 미루어, 한유는 구루산에 갔으나 비석을 확인하지 못하였고, 유우석은 구루산에 가지 않은 것을 알 수 있다.

왕상지(王象之)는《여지기승(輿地紀勝)》[5]에서 이렇게 말했다.

"신우비(神禹碑)는 구루봉(岣嶁峯)에 있다고도 하고, 운밀봉(雲密峯)에 있다고도 전해지는데 예전에 나무꾼이 그것을 보았다고 했다. 송나라 가정(嘉定)[6] 연간에 촉(蜀)의 선비가 나무꾼을 데리고 그곳으로 가서 종이로 비문 70여 자를 탁본하여 기문관(夔門觀)[7]에 새겨놓았는데 나중에 모두 없어졌다. 근래 첨헌(僉憲) 장계문(張季文)이 장사(長沙)[8]에서 이것을 얻었다고 하지만, 이 탁본은 송나라 가정 연간에 하치 자일(何致子一)이 악록서원(嶽麓書院)에 새겨놓았던 것이다."[9]

---

4 장식(張栻, 1133~1180)을 말한다. 자는 경부(敬夫), 남헌은 호이다. 사천성(四川省) 광한(廣漢) 출신으로 성리학의 대가로 일컬어졌다. 스승인 호굉(胡宏)의 학문을 이어받아 송나라 호상학파(湖湘學派)를 이끌었으며, 주자와 '경(敬)'에 관한 논쟁을 자주 벌였다.

5 왕상지(王象之, 1163~1230)의 자는 의보(儀父)·초보(肖父)이며, 남송(南宋) 무주(婺州) 금화(金華) 출신이다. 뜻과 행실이 고결하고 관직에는 관심이 없어 중년 이후로 은거하여 저술에 전념하였다. 저서로 지리서《여지기승(輿地紀勝)》200권이 있는데, 각 부(府)·주(州)의 연혁·풍속·형승(形勝)·경물(景物)·고적(古蹟)·관리·인물·선석(仙釋)·비기(碑記)·시·사륙문(四六文) 등이 수록되어 있다.

6 남송의 4대 황제 영종(寧宗, 1194~1224) 때의 연호.

7 기주(夔州) 지역으로 지금의 사천성(四川省) 봉절(奉節) 부근이다.

8 장사(長沙)는 호남성(湖南省) 동정호(洞庭湖) 남쪽 상강(湘江) 하류에 있는 지역이다. 장계문(張季文)에 대해서는 미상이다.

9 하치(何致, ?~?)는 남송 사람으로 자일(子一)은 그의 자이다. 악록서원(嶽麓書院)은 장사시(長沙市) 악록산 청풍협(清風峽) 아래에 있는 서원으로 중국 4대 서원 중 하나이다. 976년에 중담수(中潭守) 주형(朱洞)이 세웠으며, 송 태조가 이름을 하사하였다. 송나라 장세남(張世南)의《유환기문(游宦記聞)》권8에 "하치가 가정(嘉定) 임신년(1215)에 축융봉에 갔다가 나무꾼의 안내로 신우비를 발견하고 50여 자를 탁본하여 객사로 돌아와 책자를 만들었다. 이것이 형산 수령에게 전해졌는데 위작이란 의심을 받자, 하치가 악록서원 뒤편 커다란 돌에 신우비의 내용을 새겨놓았다."라는 내용이 전한다. 이에 대해서는 박현규, 〈중국에서의 구루비 전래와 모각에 관한 고찰〉,《중국사학연구》제88집, 2014, 88~92쪽 참조.

우비
하나라 우왕(禹王)의 치적을 새긴 비. 전서체(篆書體)로 쓰였다. 중국 호남성 형산현에 있다.

고정림(顧亭林)[10]은 이에 대해 이렇게 말했다.

"한나라 이전에는 이런 비가 보이지 않는다. 하자일(何子一)이 축융봉(祝融峯) 아래에서 처음 발견하여 손수 모각해서 전한 후에 형산수령이 찾아보았지만 이미 그 장소를 찾을 수 없었다. 지금 우비라고 말하는 것은 글자가 기이하여 서법에 맞지 않고 문장이 이상하여 조리가 없으며 운자가 이상하여 옛 법에 맞지 않으니, 위작으로 판단된다."[11]

이 두 사람의 의견을 살펴보면 지금 전해지는 신우비는 바로 하자일이 판각한 본이다.

낭선군(朗善君)[12]이 연경(燕京)에 갔다가 비문 탁본을 얻었는데 그 내용 가운데 '승제왈차, 익보좌경(承帝曰嗟, 翼輔佐卿)' 등의 구절이 있으니, 바로 이런 부분이 고염무가 말한 조리에 맞지 않는 부분이다. 요순 시절에 어찌 '경(卿)'이라고 부른 적이 있었겠는가. 다른 것들도 모두 이와 같이 유추해볼 수 있다.

---

10 고염무(顧炎武, 1613~1682)를 말한다. 자는 영인(寧人), 정림(亭林)은 그의 호이다. 강소성 곤산(昆山) 정림 출신이다. 청나라가 침략하자 의병을 일으켜 저항했지만 패하고, 청나라가 들어선 뒤에도 반청 투쟁을 벌였다. 경사(經史)와 제자백가는 물론 음운과 문자, 금석고고(金石考古) 등에 대해서도 정밀히 연구하여 청나라 고증학의 기초를 다졌다. 저서에 《금석문자기(金石文字記)》, 《일지록(日知錄)》 등이 있다.

11 이 구절은 고염무의 《금석문자기》 권1에 있다.

12 선조(宣祖)의 손자 이우(李俁, 1637~1693)를 말한다. 금석문을 깊이 연구하였으며, 역대 임금의 필적과 이름난 서예가들의 글씨를 모아 정리하는 등 서예 연구에 많은 노력을 기울였다. 명나라에 사신으로 갔다가 형산신우비(衡山神禹碑) 77자의 비문 탁본을 얻어 허목에게 전하니, 허목이 그중 48자를 선택하여 글을 짓고 목판에 새겨 삼척부에 보관토록 하였다.

3

고려 공민왕의 필적

영호루(映湖樓)는 안동도호부에 있는데, 공민왕(恭愍王)이 홍건적을 피해 안동에 왔을 때 현판 글씨를 썼다.[1] 필치가 웅건하고 수려하니 보통 사람의 필체가 아니다. 공민왕은 본래 필묵에 재주가 있어 뛰어난 문채는 볼 만했지만, 나랏일에 있어서는 이치에 어긋나고 어지러우며 상도(常道)를 잃어 결국 홍륜(洪倫)[2]에게 시해되었다.

어째서 필묵의 재능을 나라를 다스리는 일에 발휘하지 못한 것일까. 왕위에 올라 국정을 보살펴야 하는 사람은 사실 필묵에 마음 쓸 겨를이 없다. 그러니 필묵이 어찌 임금이 해야 할 일이겠는가. 치세가 이뤄지고 제도가 정비되는 것에 대해서는 가끔 마음을 썼으니, 두공부(杜工部, 두보[杜甫])의 〈능화(能畫)〉에서 다음과 같이 말했다.

---

1 1361년(공민왕10) 10월 홍건적이 침입하여 개경이 함락되자, 공민왕은 남쪽으로 몽진하여 경상북도 안동에 이르게 되었는데, 안동읍성 남문 밖에 있던 영호루를 자주 찾아 그 아래 백사장에서 활쏘기를 하였으며, 낙동강에 배를 띄워 시름을 달래기도 하였다고 전한다. 《고려사절요(高麗史節要)》 제27권 〈공민왕〉 2 참조. 또 김종직(金宗直)의 〈영호루중신기(映湖樓重新記)〉에 의하면, 난이 평정되고 개성으로 돌아간 뒤 안동을 대도호부(大都護府)로 승격시키고, '영호루' 3자를 금으로 쓴 제액(題額)을 하사하였다고 한다.

2 홍륜(洪倫, ?~1374)의 본관은 남양(南陽)이다. 1372년(공민왕 21)에 설치된 자제위(子弟衛)에 소속되어 왕을 보필하다가 1374년 왕 시해사건에 연루되어 죽임을 당하였다. 공민왕이 후사를 얻기 위해 자제위 소속 청년들을 여러 비빈(妃嬪)들과 사통시켜 아들을 낳게 하고 후사로 삼기를 원하였는데, 홍륜이 셋째부인 익비(益妃)와 관계하여 임신하게 되자, 왕이 기뻐하며 이 사실을 아는 자는 모두 죽여 입막음을 하겠다고 하였다. 이를 두려워한 홍륜과 환관 최만생(崔萬生)이 모의하여 공민왕을 시해하였다는 기록이 전한다. 《고려사절요》 권29, 갑인 23년 참고.

영호루 현판
홍건적의 난을 피해 안동으로 온 공민왕은 적적한 마음을 달래기 위하여 자주 영호루를 찾았다. 난리가 평정되어 환궁한 뒤에도 이 곳을 잊지 못해 친필로 '영호루(映湖樓)' 현판 글씨를 써서 보냈다고 전한다.

정치 교화는 잘 다스려지기가 물과 같고	政化平如水
황제의 은혜는 분명하기가 신과 같다	皇恩斷若神
그때그때 작은 조짐 미리 막아	時時用抵戲
또한 세속의 일에 뒤섞이지 않는다	亦未雜風塵

이런 시의 내용을 구태여 공민왕에게 논할 필요가 없다.

그러나 요임금·순임금·문왕·무왕처럼 성대한 시절에는 이런 일이 없었으니, 필묵은 기술이지 도가 아닌 까닭이다.

4

자앙 조맹부의 묵적

고려 충선왕(忠宣王)은 원나라의 부마가 되어[1] 오랫동안 연경에 있으면서 원나라 조정의 여러 명사와 교유하였는데 그중 조문민(趙文敏)[2]과 가장 친했다. 그래서 조문민의 필적이 충선왕을 통해 고려로 전해진 것이 아주 많았다. 조문민의 서법은 왕우군(王右軍)[3]에게서 나왔는데, 재주가 서법보다 뛰어나 맑고 아름다워 볼 만하였다. 그러나 후대에 일종의 조달(佻撻)한 서법[4]을 열어주었으니 아마도 품행은 왕희지만 못했기 때문인 듯하다. 이 서법으로 쓴 소장공(蘇長公)[5]의 〈적벽부(赤壁賦)〉는 빼어난 기운이 끊임없이 부드럽게 오르내리는 듯하였다. 아마도 소식의 문장과 어울리게 하려 한 것 같은데, 바로 이것이 조문민의 서법에서 더욱 훌륭한 점이다.

---

1 충선왕은 원 세조의 손녀인 부타시리(계국대장 공주)와 결혼하였다.

2 조맹부(趙孟頫, 1254~1322)를 말한다. 자앙(子昂)은 그의 자이며, 호는 송설도인(松雪道人)으로 호주(湖州, 절강성 오흥) 출신이다. 다섯 살부터 수십 년 동안 매일 새벽에 일어나 세수한 후 서예를 익혔고 날마다 수천 자에서 수만 자를 썼다고 한다. 그는 송나라 황족 출신이지만 원나라 세조와 이후 다섯 황제를 섬겼다.

3 왕희지(王羲之, 307~365)를 말한다. 자는 일소(逸少)이며, 비서랑(秘書郎)과 우군장군(右軍將軍) 등을 역임하였다. 한문의 글씨체를 예술적인 서체로 승화시켜 서성(書聖)이라 불린다. 〈난정서(蘭亭序)〉, 〈악의론(樂毅論)〉, 〈집왕성교서(集王聖教序)〉 등의 작품이 전한다.

4 경박하고 성급한 서법을 말한다.

5 소장공은 소식(蘇軾)의 경칭이다. 소식은 소순(蘇洵)의 장자인 데다 문장이 백대(百代)의 으뜸이라 할 만하여 장공(長公)이라 불렸고, 그의 아우 소철(蘇轍)은 소공(少公)이라 불렸다.

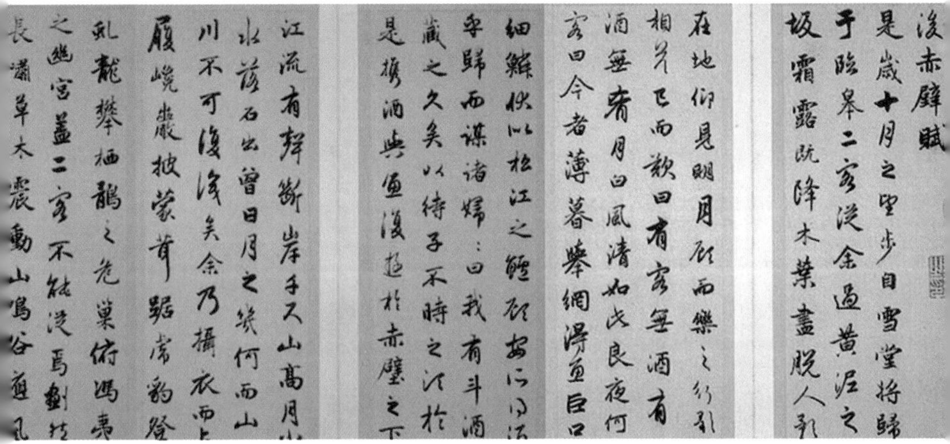

조맹부의 글씨
13세기경, 종이에 먹.
소식의 〈적벽부〉를 조맹부가 썼다. 부드러운 필체로 변화를 주어 〈적벽부〉의 내용과 잘 어우러진다.

5

장공 소식의 묵적

이것은 구양공(歐陽公)[1]의 〈취옹정기(醉翁亭記)〉를 쓴 것인데 필체가 매우 힘이 있고 단단하다. 소장공은 기운이 호방하고 재주가 뛰어나 옛사람과 견주어도 그 포부를 당할 자가 드물다. 하물며 당시의 여러 공들이야 더 말할 것이 있겠는가.

그러나 구양공을 몹시 추앙하여 따른 사람이 단지 그 문하생만은 아니었으니, 그분의 평소 명망을 가벼이 볼 수 없다. 구양공은 전명일(錢明逸)[2]의 무리에게 추악한 모함을 당해 저주자사(滁州刺史)로 좌천되었는데 저주를 못 잊어 〈취옹정기〉를 지어 자신의 생각을 담았다.[3] 뿐만 아니라 하삭(河朔)[4]에 있을 무렵 〈취옹음(醉翁吟)〉을 지어 심준(沈遵)에게 주니, 군자다운 아취가 저절로 사람들을 감동시켰다.

---

1 구양수(歐陽脩, 1007~1072)를 말한다. 자는 영숙(永叔), 호는 취옹(醉翁)·육일거사(六一居士), 시호는 문충(文忠), 길주(吉州) 여릉(廬陵) 출신이다. 가난한 집안에서 태어나 문구(文具)를 살 돈이 없어 어머니가 모래 위에 갈대로 글씨를 써서 가르쳤다고 한다. 10살 때 당나라 한유의 글을 읽고 문학의 길로 들어섰으며 훗날 고문(古文)을 제창하여 문풍(文風)을 크게 변화시켰다.

2 전명일(錢明逸, ?~?)의 자는 자비(子飛)이며, 전역(錢易)의 아들이다. 항주(杭州) 임안(臨安) 출신이다.

3 구양수는 범중엄(范仲淹)의 신정(新政)을 옹호하다가 조정 권신들의 미움을 받아 저주로 좌천되었다. 당시 한 화상이 저주의 낭야산(琅琊山)에 정자를 세웠는데, 구양수는 산에 올라 산천 구경을 한 다음 늘 그 정자에서 술을 마시며 글을 지었다. 그는 자신을 '술 취한 늙은이' 즉 '취옹(醉翁)'이라 부르고 그 정자를 '취옹정(醉翁亭)'이라 한 뒤 훗날 〈취옹정기〉를 지었다. 〈취옹정기〉는 자신이 취한 모습을 회화적으로 묘사하고, 자연의 경관을 유감없이 그려내어 생동감이 넘치며, 유가의 도와 정치 도덕 사상까지 아울러 담아낸 작품으로, 중국 문학사의 명작으로 꼽힌다.

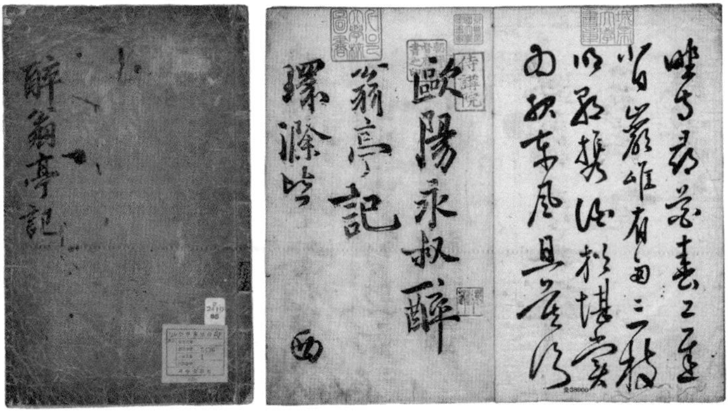

《취옹정기(醉翁亭記)》 중 소식의 글씨
11세기경, 종이에 먹, 39.8×25.6cm, 서울대학교 규장각 소장.

파공(坡公, 소식)이 쓴 〈취옹정기〉 또한 득의(得意)한 필체이다. 내가 생각하기에, 구양공은 저주에서 〈취옹정기〉와 〈풍락정기(豐樂亭記)〉를 지었는데, 〈취옹정기〉는 공곡체(公穀體)[5]를 잘 모방했지만 〈풍락정기〉의 편안하고 여유로워 기쁨과 슬픔이 번갈아 일어나는 것에는 미치지 못한다. 파공이 또 〈풍락정기〉에 글씨를 썼으니 아마 새로운 필법이 멋스러웠을 텐데, 볼 수 없는 것이 안타깝다.

4 황하 북쪽 지방. 안록산(安祿山)이 반군을 일으킨 곳이기도 하다.

5 공곡(公穀)은 《춘추(春秋)》에 주(註)를 낸 공양고(公羊高)와 곡량적(穀梁赤)을 합친 말인데, 이들의 주해는 특히 《춘추》의 경문(經文)에 매우 충실했다고 한다. 따라서 공곡체는 이러한 형식을 갖춘 문체를 말한다.

6

일본에서 온 편지

예전에 선친[1]께서 사신을 따라 일본에 가셨다가 일본의 재사(才士)들로부터 증서(贈序)[2]를 많이 받아 오셨다. 비록 그 글들은 당송의 고문(古文) 체재와 같을 수는 없지만, 과거 공부에 매달린 적이 없는 사람들의 글이라 진부한 내용이 없어 때때로 활달하고 자유로워 읽을 만하였다.

목홍공(木弘恭)[3] · 정잠(井潛) · 근등독(近藤篤) · 합리(合離) · 주규(周奎) · 정왕(淨王)과 같은 이들은 뛰어나지만 모두 축상(竺常)[4]에 미치지 못하였다. 축상은 일본 담해군(淡海郡) 사람으로 헤이안 산사(平安山寺)의 승려가 되었고, 호는 초중(蕉中)이다. 그가 영목전장(鈴木傳藏)의 옥사[5]를 기술한 것은 정교하기가 거의 유자후(柳子厚, 유종원)

---

1 성해응의 부친 성대중(成大中, 1732~1809)을 말한다. 자는 사집(士集), 호는 청성(青城)이다. 1756년(영조 32) 문과에 급제한 뒤, 1763년(영조 39) 계미사행에 정사 서기로 종사하여 일본에서 문재(文才)를 떨친 바 있다.

2 한문 문체인 서(序)의 하나로 자신의 생각을 다른 사람에게 적어주는 글이다. 서서(書序)·후서(後序)·송서(送序)·증서(贈序)·수서(壽序) 등이 있다.

3 목홍공(木弘恭, 1741~1802)은 기무라 겐카도(木村蒹葭堂)을 말하며 자는 세숙(世肅)이고 일본 오사카(大阪)의 장사꾼이다. 낭화강 가에 살면서 술장사로 많은 재산을 모은 뒤 날마다 가객(佳客)들을 초청하여 시를 짓고 술을 마시며 세월을 보냈다. 1만여 권의 서적을 구입하고 1년 동안 빈객을 접대하는 비용이 수천 금이었다고 한다.

4 상국사(相國寺)의 승려 대전(大典, 1719~1801)을 말한다. 이에 대한 자세한 것은 《18세기 일본 지식인 조선을 엿보다-萍遇錄》(진재교·김문경 역, 성균관대출판부, 2013) 참고.

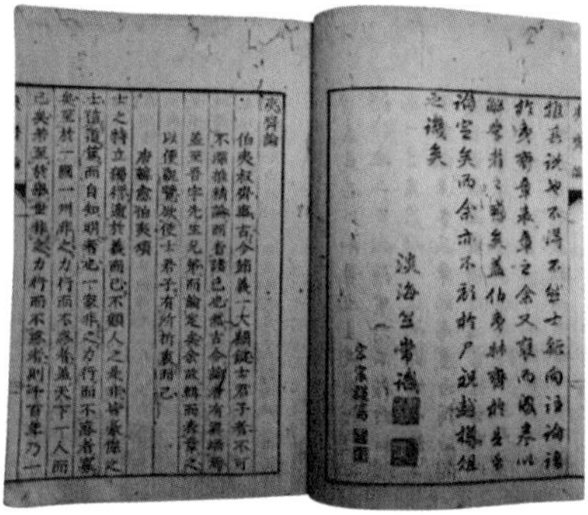

축상의 글씨
성대중이 1763년 계미사행에서 만난 일본 승려 축상의 글씨. 당시 일본에서는 중국의 경전을 모방해서 글을 쓰는 풍습이 유행하였는데, 축상은 자신만의 독창적인 문체로 글을 썼다.

와 비슷하니, 요즘 작가들이 따라할 수 있는 수준이 아니다.

일본 상선이 강소성 및 절강성과 통상하면서 중국의 경서가 일본으로 많이 유입되어, 재사라고 불리던 이들은 옛 경전을 모방하여 글을 지을 수 있었다. 예를 들면 공안국(孔安國)[6]의 《효경전(孝經傳)》이나 황간(皇侃)[7]의 《논어의소(論語義疏)》와 같은 경우 진짜와 구분하기 어렵게 만들어 중국인을 속였으니, 그들은 모방하는 데 재주가 뛰어난 것으로 보인다. 그런데 축상만은 이런 폐습에서 벗어나 독창적으로 글을 지었기 때문에 더욱 더 뛰어난 재주라 하겠다.

---

5 조엄(趙曮)의 《해사일기(海槎日記)》에 의하면, 계미사행의 수행원 최천종(崔天宗)이 대마도인 영목전장에게 피살된 사건이 발생하였다. 조선 사행단은 귀국을 한 달 여 가량 미루면서 옥사를 처리한 결과 영목전장을 검거하여 처형하였다.

6 공안국(孔安國, ?~?)의 자는 자국(子國)이며, 노(魯)나라 곡부(曲阜) 출신이다. 공자의 11대손으로 《상서(尙書)》 고문학의 시조이다. 노 공왕(魯共王)이 공자의 옛 집을 헐었을 때 과두문자(蝌蚪文字)로 된 《고문상서(古文尙書)》와 《예기(禮記)》·《논어》·《효경(孝經)》이 나왔는데, 아무도 이 글을 읽지 못한 것을 그가 금문(今文)과 대조하여 고증, 해독하고 주석을 붙였다.

7 황간(皇侃, 488~545)은 남조 양(梁)나라 오군(吳郡) 출신으로 이름은 간(偘)이라 쓰기도 한다. 삼례(三禮)와 《논어》·《효경》에 정통하여 《예기의소(禮記義疏)》와 《예기강소(禮記講疏)》 등을 지었다고 하는데 현재 전하지 않는다.

7

십주 구영의 그림

구실보(仇實父)[1]는 송나라 유민(遺民)으로 그림을 팔아서 먹고살았다. 나는 구실보가 《수호지(水湖志)》에 나오는 영웅들을 그려놓은 공성여(龔聖予)[2]의 그림을 본떠 그린 것을 감상한 적이 있는데, 인물들이 모두 살아 움직이는 듯 매우 훌륭한 작품이었다. 공성여의 그림은 장생(張生)과 최녀(崔女)가 장정(長亭)에서 송별하면서 손을 잡고 술잔을 기울이며 말없이 은근한 정을 나누는 모습을 그린 것이다. 또 문형산(文衡山)[3]이 그 뒤에 글을 썼으니 이것이 바로 《서상기(西廂記)》이다.[4]

---

1 구영(仇英, 1494~1592?)을 말한다. 실보는 그의 자이며, 호는 십주(十洲), 강소성(江蘇省) 태창(太倉) 출신이다. 주신(周臣)에게 그림을 배웠고 당송의 명화를 모작하여 일가를 이루었다. 특히 사대부가(家) 부녀자를 잘 그렸으며, 세밀한 묘사를 특색으로 한다.

2 공개(龔開, 1222~1304)를 말한다. 성여는 그의 자이며, 호는 취암(翠岩), 강소성 회음(淮陰) 출신이다. 남송 말 양회제치사(兩堆制置司) 이정지(李庭芝)의 막하에 있었으나 송 멸망 후에는 벼슬을 하지 않고 문인들과 교유하였으며, 특히 인물이나 산수, 말 등을 잘 그려 독자적인 화풍을 이루었다. 전예(篆隷)에 능하고 시에도 뛰어났다.

3 문징명(文徵明, 1470~1559)을 말한다. 형산은 그의 호이며, 자는 징명으로, 강소성 오현(吳縣) 출신이다. '시화삼절(詩畵三絶)'이라 칭해졌다. 글씨는 모든 체(體)에 능하여 처음에는 왕희지를, 만년에는 황정견(黃庭堅)을 배워 주려(週麗)한 서풍이 일세를 풍미하였다. 그림은 심주(沈周)의 영향을 받았으며 산수·인물·화조·난죽화 등 그 폭이 넓다. 그중에서도 산수화는 조맹부와 원말 4대가를 배우고, 점차 예찬풍(倪瓚風)의 간결한 구도에 의한 세치(細緻)한 묘법을 추구하여 오파문인화(吳派文人畵)의 특색을 결정지었다. 축윤명(祝允明)·서정경(徐禎卿) 등 많은 문인 화가를 양성하여 남종화 중흥(中興)의 조(祖)라 일컬어진다.

《서상기도책(西廂記圖册)》의 삽화
구영, 18세기경, 비단에 잉크와 수채, 18.5×38cm, 스미스소니언 프리어·새클러 갤러리 소장.

중화와 오랑캐가 엎치락뒤치락하는 시대를 원통해 하면서도 음악과 여색 사이에서 방탕하게 노닌 구실보를 나는 이상하게 여긴 적이 있다. 옛사람을 논하는 자들도 때로는 그의 뜻을 슬프게 여겼다.

문형산은 명분과 절개로 자신을 잘 지켰는데 태평성대를 만났을 때 무슨 까닭으로 음란하고 요염한 것에 마음을 두어 이러한 글을 썼단 말인가? 참으로 군자의 허물이 아닐 수 없다. 미인을 그렸으되 허목공(許穆公)의 부인[5]과 장강(莊姜)[6]은 그리지 않고 최앵앵(崔鶯鶯)을 그렸으며, 옛 사람의 문장을 썼으되 유향(劉向)의 〈간영창릉소(諫

4 《서상기(西廂記)》는 젊은 서생(書生) 장생과 명문대가 규수인 앵앵(鶯鶯)의 사랑 이야기를 섬세한 감각과 유려한 필치로 그려낸 잡극으로서 원나라 시대의 문학을 대표한다.

5 허목공(許穆公, ?~?)은 원래 위(衛)나라 선강(宣姜)의 딸로, 정치적 식견이 뛰어나고 애국심이 강한 여인이었다. 위나라가 다른 나라에 합병되자 모든 것을 뒤로 한 채 조국으로 달려갔으며, 조국의 힘을 키우기 위해 대국과 연합하여 북방 민족에 대항할 것을 주장하였다.

6 장강(莊姜, ?~?)은 위장공(衛莊公)의 부인으로 제(齊)나라 출신이다. 미인이었으나 아들이 없어 장공의 총애를 잃었다.

營昌陵疏)〉[7]와 무후(武侯)의 〈출사표(出師表)〉[8]는 쓰지 않고 《서상기》만을 쓴 것은 어째서인가?

---

7 유향(劉向, 서기전 77~6?)의 자는 자정(子政)이다. 전한 말기의 종실로, 쇠약해가는 나라를 걱정하고 자주 상소하여 외척이나 환관 등 소인(小人)을 멀리할 것을 간하다가 투옥되기도 하였다. 한나라 성제(成帝) 홍가(鴻嘉) 2년(서기전 19), 성제가 진탕(陳湯)과 해만년(解萬年)의 간계를 듣고 애초 선택했던 연릉(延陵) 대신 창릉(昌陵)을 창건하려고 하자, 유향이 너무 많은 비용이 들며 백성들을 고통스럽게 한다는 내용의 상소를 올려, 성제가 계획을 그만두고 고릉(故陵)으로 돌아갔다고 한다. 유향이 성제에게 간언한 〈간영창릉소〉는 주소(奏疏)의 명편으로 당송 고문가들에게도 큰 영향을 끼쳤다.

8 무후(武侯)는 촉한(蜀漢)의 승상 제갈량(諸葛亮, 181~234)으로, 그는 위나라를 토벌하기 위해 떠나면서 후주(後主)에게 〈출사표〉를 지어 바쳤다. 이 〈출사표〉를 읽고 눈물을 흘리지 않으면 선비가 아니라는 말이 전한다.

8

우리나라 현인들의 필적

내가 전에 집안의 옛 묵적을 열람하다가 퇴계(退溪, 이황[李滉]) 선생의 글씨 두 폭과 청송(聽松)[1] 선생의 글씨 한 폭, 옥산(玉山)[2]의 글씨 한 폭을 찾은 적이 있는데, 글씨가 모두 그분들의 성품과 비슷하였다.

퇴계의 붓놀림은 수려하고 자연스러우며, 청송의 붓놀림은 맑고 뚜렷하고, 옥산의 붓놀림은 돈후하였다. 비록 굳이 필경(筆逕)과 형식으로 그 분들의 우열을 규정할 수 없지만, 느긋하게 바라보노라면 어느새 공경스러워져 마치 가까이 모시고 가르침을 받는 듯하다.

안평대군(安平大君)[3]의 글씨 16자는 불경을 베껴 쓴 것으로, 당시에 불법이 성행하였으니 고려의 유풍을 이어받은 것이다. 안평대군은 불경을 많이 썼는데, 그윽하고 아름다우며 세속을 초월한 정취가

---

1 성수침(成守琛, 1493~1564)을 말한다. 자는 중옥(仲玉), 청송(聽松)은 그의 호이며, 본관은 창녕(昌寧)이다. 퇴계 이황과 함께 16세기를 대표하는 학자이자 명필이다. 정암(靜菴) 조광조(趙光祖)의 문인(門人)으로 1519년 기묘사화(己卯士禍) 이후 출사를 단념하고 산림에 묻혀 자기 수양에 힘쓰면서 스승의 학풍을 실천하였다.

2 이우(李瑀, 1542~1609)를 말한다. 자는 계헌(季獻), 옥산(玉山)은 그의 호이며, 본관은 덕수이다. 율곡(栗谷) 이이(李珥)의 아우로, 어머니 신사임당으로부터 글씨를 배웠고 성장해서는 당대의 초서 명필이던 장인 황기로(黃耆老)의 영향을 받았다.

3 안평대군(安平大君, 1418~1453)은 세종의 셋째아들로, 자는 청지(清之), 호는 비해당(匪懈堂)·낭간거사(琅玕居士)·매죽헌(梅竹軒) 등이다. 어려서부터 학문을 좋아하고 시·서·화에 모두 능하여 삼절(三絶)이라 칭해졌다. 서풍(書風)은 고려 말부터 유행한 조맹부를 따랐지만 자신의 개성을 마음껏 발휘한 활달한 기풍이 높은 경지에 이르러서 조선 전기에 크게 이름을 떨쳤다. 현재 〈몽유도원도(夢遊桃源圖)〉의 발문 등이 전한다.

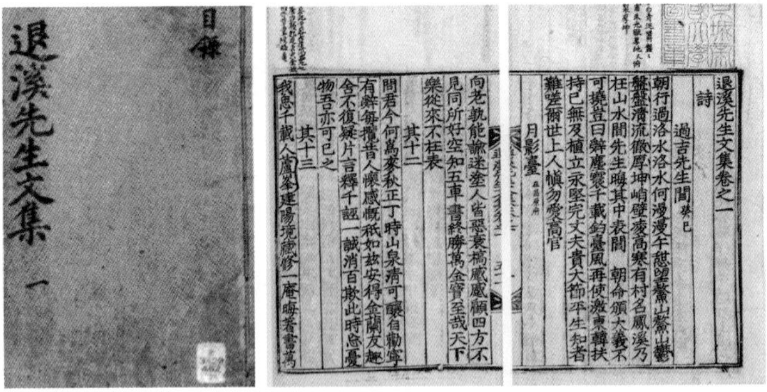

目錄

退溪先生文集 一

退溪先生文集卷之一

詩

過吉先生閭 癸巳

朝行過洛水洛水何漫漫千態望鰲山鰲山鬱
盤盤淸流徹厚坤峭壁凌高寒有村名鳳溪乃
在山水間先生晦其中衣閭 朝命頒大義不
可撓豈曰辭塵寰千載釣臺風再使激東韓扶
持已無及植立永堅完丈夫貴大節平生知者
難嗟爾世上人愼勿愛高官

月影臺

向老孰能諭迷塗人皆惡衰槁感慨顧四方不
見同所好空知五車書終勝萬金寶至哉天下
樂從來不在表

其十二

問君今何爲麥秋正丁時山泉淸可釀自勸寧
有辭每攬昔人懷感慨秖如玆安得金蘭友趣
舍不復疑片言釋千謐一誠消百欺此時念憂
物吾亦可已之

其十三

我思千載人崔峯建陽境藏修一庵晦著書萬

《퇴계선생문집》
이황, 연대미상, 목판본, 21.5×31.5cm, 서울대학교 규장각 소장.
퇴계 이황의 시문집(詩文集)과 별집(別集), 외집(外集)을 합쳐서 만든 문집이다.

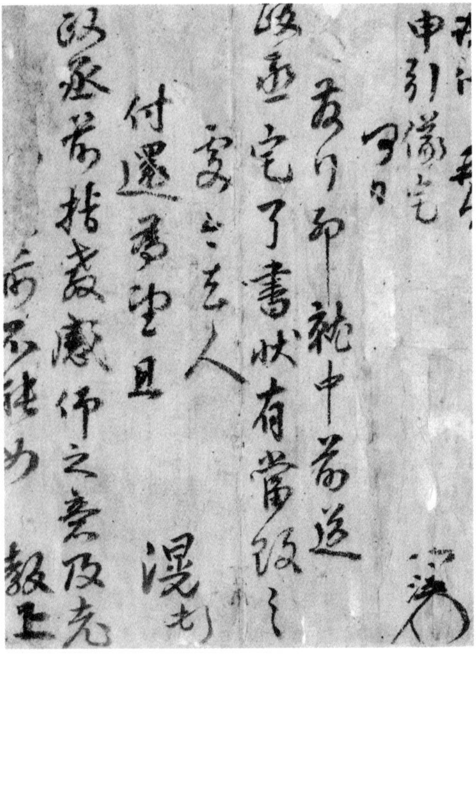

이황의 편지
16세기경, 18×23.5cm, 종이에 먹, 국립중앙박물관 소장.
이황이 쓴 편지로, '정승 댁에 보낸 서장에 고쳐야 할 곳이 있으니 돌려주기를 바란다'는 내용을 담고 있다. 필치가 수려하고 자연스럽다.

성수침의 글씨
16세기경, 종이에 먹, 31.5×20cm, 국립중앙박물관 소장.
성수침의 글씨는 강하고 속도감이 있어 개성 있는 행초서가 돋보인다. 이 글씨는 글자의 대소(大小), 필획의 굵기, 속도 등을 조절하여 선의 감각적인 맛을 살렸다.

안평대군의 글씨
15세기경, 종이에 먹, 109×52.5cm.
세속을 초월한 정취가 흘러넘쳐 필법에서 노닐되 얽매이지 않고, 기운이 뛰어나되 휘둘리지 않는다는 평이 있다.

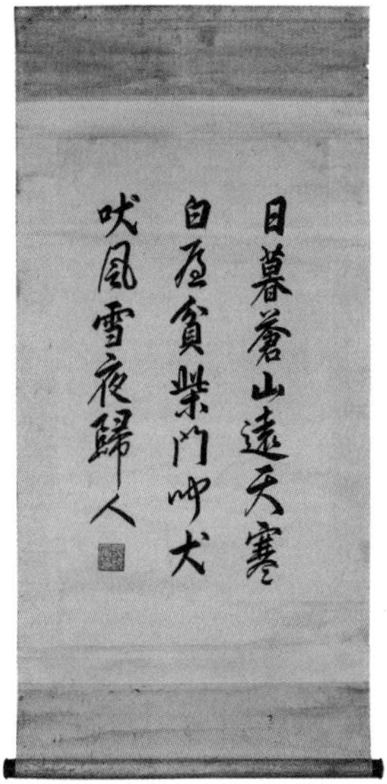

오준의 글씨
17세기경, 종이에 먹, 86.9×47.9cm, 국립중앙박물관 소장.
당나라 시인 유문방(劉文房)의 시를 행서로 쓴 것으로, 글자의 짜임새가 성글고 필획은 거친 편이지만, 필획 변화의 차이를 크게 하여 힘을 강조했다.

넘쳐났다. 요컨대 귀한 사람의 글씨로, 필법에서 노닐되 필법에 얽매이지 않고 기운이 뛰어나되 기운에 휘둘리지 않았으니, 우리나라 서법은 안평대군을 스승으로 삼아야 한다.

황고산(黃孤山)[4]의 글씨는 아주 여유로워 분방한 뜻이 적다. 그 역시 기교를 이용하여 경지에 오른 자인데, 다만 세속을 초월한 신이한 정취가 적은 것이 안타깝다.

이천 상공(梨川相公)[5]의 글씨는 촉(蜀)의 서체를 배워서 매우 아름다워 당대에 명성이 높았다. 지금 우리 집에 소장된 그분의 글씨 한 폭을 보니 윤기가 넘치며 빼어나고 탈속적이다. 비록 김남창(金南窓)[6]과 나란히 칭송되지만 김남창은 그분께 거의 미치지 못한다. (병자호란 당시) 남한산성에서 포위되었을 때 공이 사신의 임무를 띠고 청나라 진영을 왕래하였는데, 화친에만 뜻을 두었을 뿐 다른 것은 생각하지 않았다. 최지천(崔遲川, 최명길[崔鳴吉])과는 의견이 달랐으나 장계곡(張谿谷, 장유[張維])·이택당(李澤堂, 이식[李植])과는 추구하는 방향이 같았다.

---

4 황기로(黃耆老, 1521~1575?)를 말한다. 자는 태수(鮐叟), 고산(孤山)은 그의 호이며, 본관은 덕산(德山)이다. 1534년(중종 29) 진사시에 합격한 뒤 여러 번 벼슬에 제수되었으나 나가지 않고 고향에 은거하였다.

5 이홍주(李弘胄, 1562~1638)를 말한다. 자는 백윤(伯胤), 이천(梨川)은 그의 호이며, 본관은 전주이다. 1594년(선조 27) 문과에 급제하여 이조 좌랑·영의정을 역임하였다. 1619년 사은사로 명나라에 다녀왔다. 1636년 병자호란이 일어나 적들이 서문(西門) 밖까지 이르자 왕의 국서를 가지고 적진으로 들어가 국서를 전하고 화의 교섭을 벌였으나 항복은 끝까지 반대하였다.

6 김현성(金玄成, 1542~1621)을 말한다. 자는 여경(餘慶), 남창(南窓)은 그의 호이며, 본관은 김해이다. 1564년(명종 19) 식년 문과에 급제하였으며 동지돈녕부사 등을 역임하였다. 시·서·화에 두루 능했는데, 그림보다는 글씨에 뛰어났으며 특히 시에 능하였다고 한다. 글씨는 송설체(松雪體)를 따랐고, 현재 전하는 그림은 없으며, 서예 유작으로 행서로 쓴 〈주자시(朱子詩)〉가 남아 있다.

청선(聽蟬) 이지정(李志定)[7]은 평소 초서를 잘 썼는데, 이 첩은 그다지 분방한 데까지는 이르지 않아 장동해(張東海)[8]의 광초(狂草)보다 훨씬 뛰어나다.

죽남(竹南) 오준(吳竣)[9]은 본래 한석봉(韓石峯, 한호[韓濩])에게 배워 뛰어난 제자라고 이를 만하지만, 신묘한 기운은 석봉에게 훨씬 미치지 못한다. 그러나 이 화폭 역시 힘껏 모방하여 어느 정도는 추구한 바를 얻어 다른 본에 비하여 낫다.

---

7 이지정(李志定, 1588~1650)은 자는 정오(靜吾), 청선(聽蟬)은 그의 호이며, 본관은 여주(驪州)이다. 1616년(광해군 8) 별시 문과에 급제하고, 현감과 목사 등을 역임하였다. 1642년(인조 20) 사위 이계(李烓)의 매국 협의에 연루되어 관직에서 물러났다. 초예서(草隷書)에 능하였으며, 황기로에게 서법을 배워 당대에 이름을 떨쳤다.

8 장필(張弼, 1425~1482)을 말한다. 자는 여필(汝弼), 자호는 동해옹(東海翁)이며, 송강(松江) 화정(華亭) 출신이다. 명나라 왕오(王鏊)의 《진택집(震澤集)》에서는 장필의 초서를 평가하여 "그의 초서는 자득한 바가 많다. 술에 취해 흥이 일어나면 아주 짧은 시간에 수십 장을 쓴다. 빠르기는 비바람 같고, 곧추서기는 용과 뱀 같으며, 기울기는 떨어지는 돌과 같고, 마르기는 시든 등나무와 같다. 취해서 쓴 광초(狂草, 심하게 흘려 쓴 서체)가 세상에 나돌았는데, 바다 밖에 있는 나라에서도 그 필적을 사 갔으니 세상에서는 장욱(張旭)이 다시 나왔다고 하였다."라고 한 바 있다.

9 오준(吳竣, 1587~1666)은 자는 여완(汝完), 죽남(竹南)은 그의 호이며, 본관은 동복(同福)이다. 1618년(광해군 10) 증광 문과에 급제하였다. 문장에 능하고 글씨를 잘 써서 왕가의 길흉책문(吉凶冊文)과 삼전도비(三田渡碑)의 비문을 비롯한 수많은 공사(公私)의 비명을 썼다. 특히 왕희지체를 따라 단아한 모양의 해서를 잘 썼다.

9

화묘의 비문

이것은 당나라 무후(武后)[1] 때 조문연(趙文淵)[2]이 쓴 팔분체(八分體)[3]인데, 자못 기괴하여 놀랄 만하다. 그러나 필법이 조급하고 뜻이 졸렬하니, 대체로 유약한 사람이 억지로 자랑하여 남에게 강함을 보이려는 것 같아 귀하게 여길 만한 것이 못 된다. 아마도 당시의 서체가 또한 이와 같았던 듯하다.

---

1 측천무후(則天武后, 624~705)를 말한다. 성은 무(武), 이름은 조(照)로 산서성 문수(文水) 출신이다. 당나라 고종(高宗)의 황후로, 국호를 당에서 주(周)로 바꾸고 신성황제(神聖皇帝)에 올랐다.

2 조문연(趙文淵, ?~?)은 자는 덕본(德本), 본명은 문심(文深)으로 북주(北周)시대 남양(南陽) 출신이다. 어려서부터 해서와 예서(隷書)를 배웠고, 종요(鍾繇)와 왕희지의 서풍에 뛰어났다. 후에 북주를 섬겨 서학박사가 되었다. 567년(천화 2) 칙명에 의한 서악(西岳) 화산(華山)의 〈신묘비(神廟碑)〉가 현재 전한다.

3 예서 이분(二分)과 전서(篆書) 팔분(八分)을 섞어서 만든 서체로, 한나라 왕차중(王次中)이 개발했다고 한다.

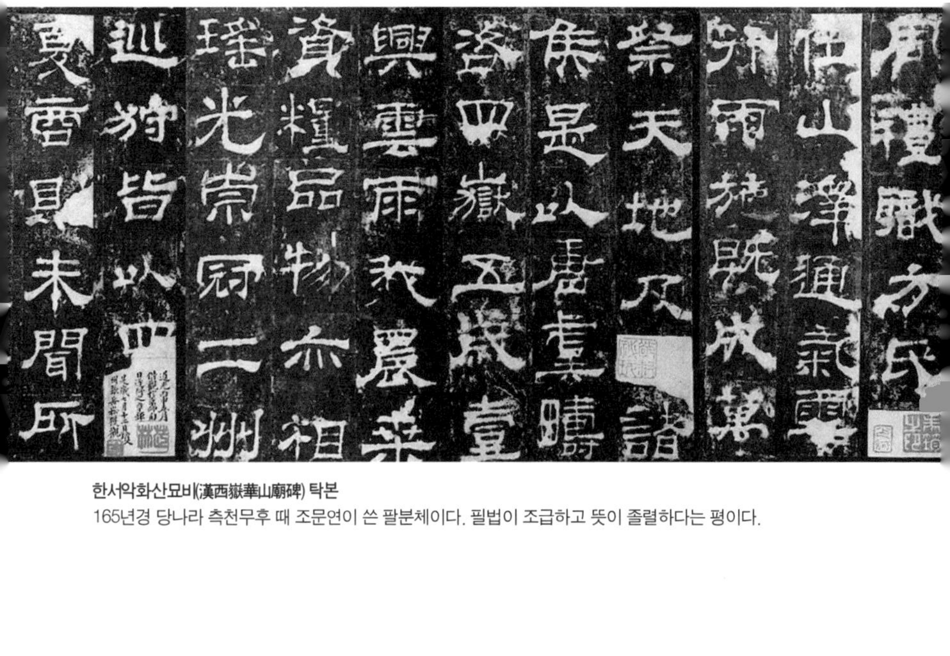

한서악화산묘비(漢西嶽華山廟碑) 탁본

165년경 당나라 측천무후 때 조문연이 쓴 팔분체이다. 필법이 조급하고 뜻이 졸렬하다는 평이다.

10

장천의 비문

장천(張遷)의 자는 공방(公方)이고 진류(陳留) 땅 기오(己吾) 사람이다. 동한(東漢) 말에 탕음(蕩陰)의 수령으로 선정을 베풀었다. 황건적의 난이 일어났을 때 홀로 고을을 온전히 지켰으니 기록으로 남길 만하였다. 그 때문에 아전들이 돈을 거둬 비문을 새겼는데[1] 문장이 누구의 손에서 나온 것인지 알 수 없지만 문채가 뛰어나 볼 만하였다. 곧 동한 비판(碑版)의 고법(古法)으로 글씨 또한 팔분체이며 매우 법도가 있으니, 공씨(孔氏)의 여러 비의 아류이다.

1 이 비를 장천비(張遷碑)라고 한다. 후한 영제(靈帝) 중평(中平) 3년(186)에 새긴 비문으로, 예서로 된 법첩(隸書法帖)의 하나이다.

11

왕우군의 필적

이 첩은 송나라 순화(淳化)[1] 연간에 만들어진 법첩(法帖)[2]의 잔본이다. 전권은 유실되고 왕우군(王右軍, 왕희지)의 서첩 한 권만 남아 있는데, 바로 환공(桓公)[3] 10월 첩 이하 부분이다.

선친께서 이것을 영남에서 얻으셨는데, 이 본은 여러 차례 모각을 거치는 바람에 신묘한 멋은 잃었지만, 깊이 음미하고 자세히 살펴 점과 획을 따라가다 보면 오묘한 맛을 조금이나마 느낄 수 있다. 비록 잔본에 불과하지만 제대로 맛을 아는 이라면 순수와 천박의 수준 차이를 알 수 있을 것이다.

---

1 송나라 태종(太宗, 990~994 재위)의 연호이다.

2 《순화각첩(淳化閣帖)》 10권을 말한다. 《순화비각법첩(淳化秘閣法帖)》 또는 《각첩》이라고도 한다. 북송 992년(순화3) 태종의 명에 의해 한림시서(翰林侍書) 왕저(王著)가 내부(內府)에 소장된 역대 묵적 중 뛰어난 것을 골라 징심당지(澄心堂紙)와 이정규묵(李廷珪墨)을 사용하여 모각하였다. 명대에는 《고씨본(顧氏本)》·《반씨본(潘氏本)》·《숙부본(肅府本)》 등의 번각이 이루어졌는데, 후대 학자들 사이에서 이 법첩이 가장 권위있는 집첩(集帖)으로 인정받고 있다.

3 춘추시대 제나라의 15대 왕(서기전 685~643)으로 이름은 소백(小白)이다. 양공(襄公)의 동생인데 양공이 왕으로 있을 때 정치가 어지럽게 되자 포숙아(鮑叔牙)와 함께 거(莒)에 망명하였다. 서기전 686년에 공손 무지(公孫無知)가 양공을 죽이고 왕이 되었다가 죽임을 당하자, 환공은 귀국하여 조카 규(糾)와 싸워 격파하고 왕위에 올랐다.

12

순화각첩

《순화각첩(淳化閣帖)》 중에서 왕저(王著)의 모각본을 구하기가 가장 힘들다. 우리나라에 3개의 본이 있으니, 하나는 승지(承旨) 구수국(具壽國)의 집에 있고, 다른 하나는 지사(知事) 조윤형(曺允亨)의 집에 있는데, 나머지 하나는 어디에 있는지 모르겠다. 나는 구씨 집에 산직된 것을 본 적이 있다. 3개의 탑본 중 수준은 가장 떨어지지만 신묘한 모습이 위엄 있어 요사이 번각한 것보다 훨씬 나았다.

송나라 때는 이 법첩이 매우 귀하여 오직 양부(兩府, 중서성과 추밀원)에서 황제를 알현할 때 하사받았으며, 원우(元祐)[1] 연간에는 종친인 여러 왕들이 겨우 1백 본을 탁본해서 사람들에게 나눠주었으나 이미 옛 것에는 미치지 못하였다.

정강(靖康)[2] 연간에 이르러 마침내 금(金)나라 사람의 손에 들어갔는데, 그들 또한 반드시 그것을 소장하려 했으니 어찌 한두 점 남아 있는 것이 없겠는가마는, 끝내 전해지지 못한 것은 깎이고 닳고 갈라졌기 때문인 듯하다.

송나라 재상 필사안(畢士安)이 '순화 4년 계사(993)에 하사받은 서첩'이라고 스스로 기록한 것이 곧 처음 새긴 초탑본(初搨本)이다. 청

---

1 송나라 철종(哲宗, 1086~1094)의 연호이다.

2 북송(北宋) 흠종(欽宗, 1126~1127)의 연호이다.

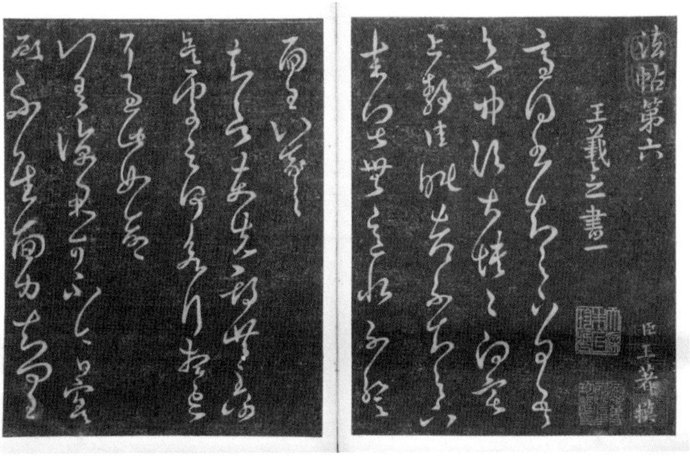

《순화각첩》
992년 북송 태종의 명으로 한림시서(翰林侍書) 왕저(王著)가 내부(內府)에 소장된 묵적 중 뛰어난 것을 골라 징심당지(澄心堂紙)와 이정규묵(李廷珪墨)을 사용하여 모각하고 편찬하였다.

나라 건륭 계사년(1773)에 그의 후손가에서 가지고 와 중각했는데, 이것이 다른 본보다 뛰어날 것으로 생각되지만 내가 한 번 보지 못한 것이 애석하다.

13

청허당 편액

청허당(淸虛堂)은 승려 휴정(休靜)[1]의 호이다. 휴정이 묘향산의 내원(內院, 미륵보살을 모신 절)에 있을 때 퇴계 선생이 '향산운사(香山雲舍)'라는 편액을 써서 주고, 또 그 아래 "우환 중에 편액을 쓰면서 난야(蘭若)[2]의 경치를 그려보네."라고 썼다. 단지 번뇌를 조금이나마 풀어보려 한 것인데, 필법이 치밀하고 전아하여 발현된 재능을 볼 수 있다. 그러나 퇴계 같이 훌륭한 분이 회포를 푸는 데 어찌 굳이 난야의 경치가 필요했겠는가. 아마 실의에 빠져 서글프게 기다리는 뜻을 표현한 듯하다.

또 한석봉이 쓴 청허당 편액이 있으니 필법의 정수를 본받을 만하다.

---

1 휴정(休靜, 1520~1604)은 자는 현응(玄應), 호는 청허(淸虛)이다. 1592년에 임진왜란이 일어나자 의병을 모아 큰 활약을 펼쳤다. 묘향산에 오래 살았기 때문에 세상에서 서산(西山) 대사라고 불렸다.

2 한적한 수행처라는 뜻으로, 절과 암자 등을 이르는 말이다.

14

석양정 이정의 그림

석양정(石陽正)[1]의 이름은 정(霆)이고 자는 중섭(仲燮)으로, 왕손이다. 평소 난초·대나무·매화를 잘 그렸다. 임진왜란 후에 왜적에게 칼을 맞아 팔이 거의 부러질 뻔했다가 겨우 붙었는데 그 뒤 오히려 그림 솜씨가 더욱 좋아졌다. 이 첩은 최동고(崔東皐, 최립[崔岦])가 기록한 것이다.

그리고 그 아래 시가 기록되어 있으니, 나의 외선조(外先祖) 이천 상공(이덕로[李德老])께서 쓰신 것으로 시서화가 잘 갖춰진 3절(三絶)이라고 이를 만하다. 이 첩은 외가에 있는데 먼지와 그을음에 많이 더럽혀졌기 때문에 선친께서 모두 비단으로 새로 장정하여 보관하셨다. 최동고의 시와 서문(序文)은 모두 그의 문집에 남아 있다.[2]

---

1 석양정(石陽正)은 이정(李霆, 1541~1622)을 말하며, 호는 탄은(灘隱), 본관은 전주로 세종의 현손(玄孫)이다. 시·서·화에 뛰어나 삼절로 명성이 높았으며 특히 묵죽화(墨竹畵)에서는 유덕장(柳德章)·신위(申緯)와 함께 조선시대 3대가로 꼽힌다.

2 최립의 《간이집(簡易集)》 권3에 〈삼청첩(三淸帖) 서문〉과 〈제석양정견류삼청첩이환(題石陽正見留三淸帖以還)〉이라는 시가 실려 있다.

〈풍죽도(風竹圖)〉
이정, 1622년, 종이에 먹, 119.1×57.3cm, 국립중앙박물관 소장.
단색의 먹으로 처리된 그림은 명암의 톤으로 여러 대나무 층을 드러내고 미묘한 공간의 깊이를 창조하고 있다.

15

배와첩

배와(坯窩, 김상숙[金相肅]) 선생은 일찍이 사직동(社稷洞)에 사셨다. 서법에 있어 종요(鍾繇)와 왕희지를 스승으로 섬겼기 때문에 진중하고 고아하였으니, 당시 사람들이 흠모하여 직하체(稷下體)[1]라고 하였다. 만년에 결성(結城, 충청도 홍성)의 시골집에서 사셨는데, 글씨가 더욱 정교하고 기교는 오묘해졌다.

선친께서는 배와 선생의 품행을 고운지수(孤雲止水)[2]에 비유하셨으니 필체 또한 그와 같았다. 이 첩은 배와 선생이 75세 때 두보의 시 3편을 써서 선친께 주신 것으로, 쓸쓸하고 적막한 정취가 필묵 밖으로 넘쳐나 선친께서 흡족히 여기신 글씨였다.

---

1 배와 김상숙(金相肅, 1717~1792)이 서울의 사직동에 살았기 때문에 직하체라 일컬었다.

2 잡념과 허욕이 없는 깨끗한 마음을 지닌 어진 선비를 비유한 말이다.

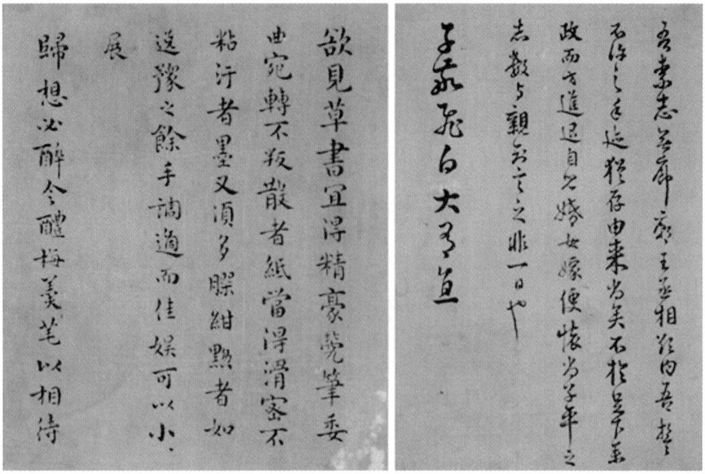

〈배와필첩(坯窩筆帖)〉 중 김상숙의 글씨
18세기경, 종이에 먹, 경기도박물관 소장.
필체가 진중하고 고아하다. 당시 직하체(稷下體)라 일컬어졌다.

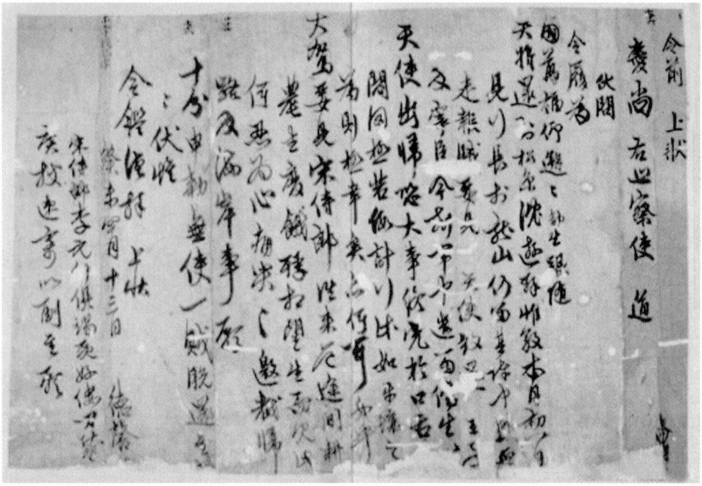

《근묵(槿墨)》 중 이덕형의 편지
1593년, 종이에 먹, 34×49.5cm, 성균관대학교 박물관 소장.
임진왜란 중 경상우순찰사(慶尙右巡察使)에게 보낸 편지로, 자획이 매우 정교하다.

16

경현첩

〈경현첩(景賢帖)〉은 염계(濂溪)·명도(明道)·이천(伊川)·횡거(橫渠)·회암(晦菴) 다섯 선생[1]의 화상(畵像)으로 이루어졌다. 왼쪽에 다섯 선생에 대한 찬(贊)을 자세히 썼고, 하단은 바로 한음(漢陰) 이상국(李相國, 이덕형[李德馨])의 글씨이다. 찬은 누가 쓴 것인지 모르겠다. 어떤 이는 현재(玄宰) 동기창(董其昌)[2]의 글씨라고 하는데, 현재의 필법은 수려하고 자연스러우니 어떻게 이처럼 장중한 글씨가 그의 글씨라 할 수 있겠는가.

한음은 본래 글씨로 유명한 분은 아니지만 자획이 매우 정교하니 아마 덕(德)이 높아 글씨 솜씨가 가려진 듯하다.

---

1 주렴계(周濂溪, 1017~1073)·정명도(程明道, 1032~1085)·정이천(程伊川, 1033~1107)·장횡거(張橫渠, 1020~1077)·주희(朱熹, 1130~1200)를 말한다. 이들은 공자와 맹자의 유가 사상을 성리(性理)·의리(義理)·이기(理氣) 등의 형이상학 체계로 해석한 성리학을 심화 발전시켰다.

2 동기창(董其昌, 1555~1636)은 자는 현재(玄宰), 호는 사백(思白)이다. 예부 상서(禮部尙書)를 역임했으며, 행서·초서 등에 능했다. 동원(董源)과 거연(巨然)에게 그림을 배워 남화(南畫)의 완성에 기여했다.

17

옥동 이서의 필첩

옥동(玉洞) 이서(李漵)[1]의 필법 요체는 배우는 것을 훌륭하게 여기는 것이었다. 백하(白下) 윤순(尹淳)[2]이 옥동의 필체를 터득하여 아름답게 변화시켰다. 옥동은 거문고도 잘 탔으며 포천에 살았다. 현(縣) 남쪽 수원산(水源山)의 옥금동(玉琴洞)을 유람한 적이 있어 옥동이라는 호를 가지게 되었다.

이 첩의 내용은 주자의 시와 범준(范浚)[3]의 〈심잠(心箴)〉으로 필의(筆意)[4]가 전혀 필법에 구애되지 않았으니 이 또한 진귀한 것이다. 김치규(金穉圭, 김기서[金基書])에게서 나왔다.

---

1 이서(李漵, 1662~1723)의 자는 징지(徵之), 옥동(玉洞)은 그의 호이며, 본관은 여주이다. 이지정(李志定)·이하진(李夏鎭)으로 이어지는 일가의 서법을 계승하고, 조선 최초의 서예 이론서이자 비평서인 《필결(筆訣)》을 저술하였다.

2 윤순(尹淳, 1680~1741)은 자는 중화(仲和), 백하(白下)는 그의 호이며, 본관은 해평이다. 예조판서·평안도 관찰사 등을 역임하였다. 조선시대 양명학의 태두인 정제두(鄭齊斗)의 문인이며 시문은 물론 산수·인물·화조 등의 그림도 잘하였다. 조선 후기를 대표하는 글씨의 대가로 우리나라의 역대 서법과 중국의 서법을 아울러 한국적 서풍을 일으켰다. 왕희지와 미불의 영향을 많이 받았다.

3 범중엄(范仲淹, 989~1052)을 말한다. 자는 희문(希文)이며, 추밀부사(樞密副使)·참지정사(參知政事) 등을 역임하였다. 특히 참지정사로 재직할 때 내정 개혁에 힘썼으나, 그를 미워하는 하송(夏悚) 일파의 저항이 강하여 다시 지방관을 역임하다가 병으로 죽었다. 저서에 《향계집(香溪集)》이 있는데, 그 가운데 실린 〈심잠(心箴)〉을 주희가 대단히 존중했다고 한다.

4 시문이나 서화에 표현된 예술적 경지나 조예를 말한다.

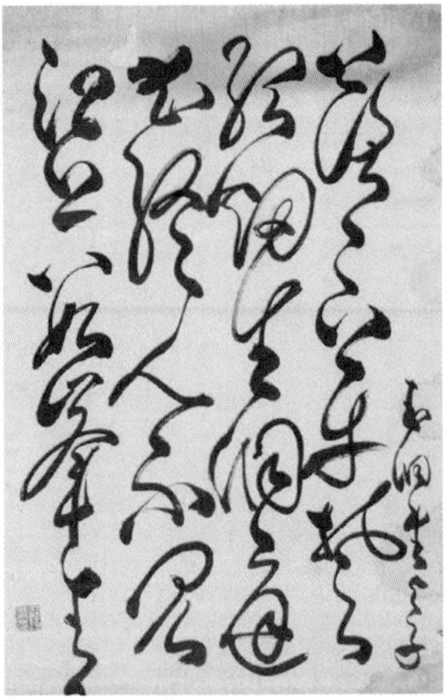

이서의 글씨
1712년, 종이에 먹, 112.5×75.7cm, 성호기념관 소장. 이서가 아들 이원휴(李元休, 1696~1724)에게 〈낙일하평초(落日下平楚)〉라는 시를 초서체로 써준 것이다. 거칠고 거리낌 없이 자유분방한 서풍을 보여준다.

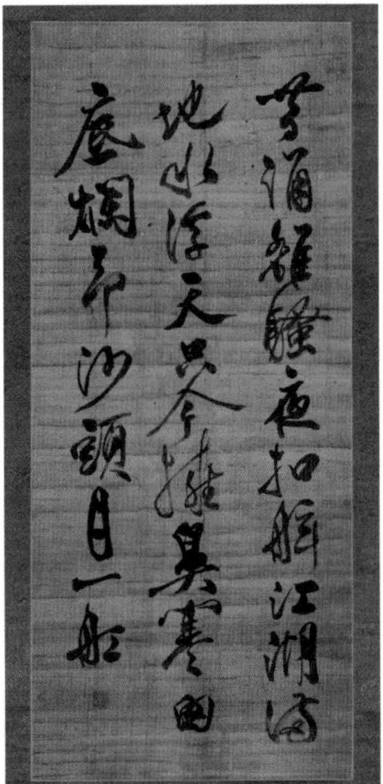

윤순의 글씨
18세기경, 비단에 먹, 124.7×54.8cm, 국립중앙박물관 소장. 윤순은 이서의 필체를 배워 아름답게 변화시켰다. 주희의 〈희답양정수문신(戱答楊廷秀問訊)〉 두 수(首) 가운데 하나를 쓴 것이다.

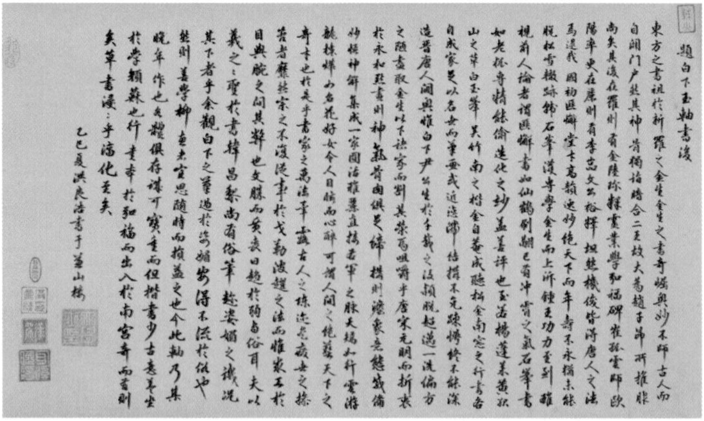

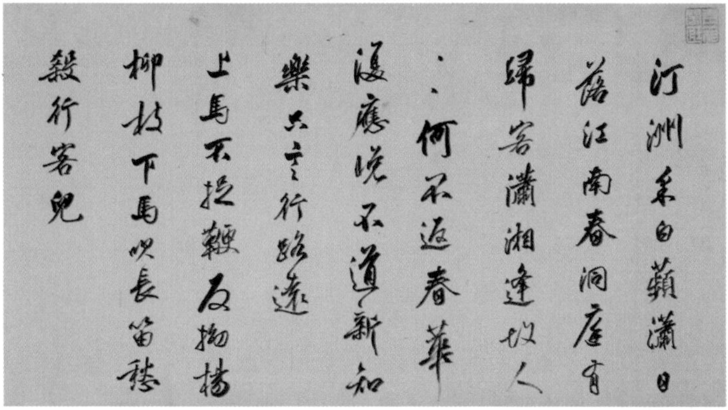

윤순의 글씨

1737년, 종이에 먹, 45.2×404.5cm, 국립중앙박물관 소장.

〈문선(文選)〉의 옛 시 12수를 해서, 행서, 초서체로 쓴 작품이다. 1~9수는 중간 글씨로, 나머지 3수는 작은 글씨로 썼다. 윤순의 나이 58세의 작품이다.

18

봉래 양사언의 필첩

봉래(蓬萊) 양사언(楊士彦)은 타고난 자질이 뛰어나 필법에 세속적인 기운이 없다. 이는 노력하여 얻을 수 있는 것이 아닌 듯하다. 이 첩은 화암상종사(花嵒尙宗師)[1]에게 준 것이다. 봉래의 필체는 당연히 금강산 만폭동 벽에 새긴 '봉래풍악원화동천(蓬萊楓嶽元化洞天, 금강산은 조화로 이뤄진 신선세계)'라고 쓴 8자의 큰 글씨[2]가 훌륭하다. 금강산에는 훌륭한 글씨가 없었는데, 이 글씨만이 금강산의 형세와 빼어남을 겨룬다.

---

1 화암상종사(花嵒尙宗師, ?~?)는 본래 이름은 상주(尙珠), 자는 원영(圓映)이다. 1558년(명종 13) 과거에 합격한 뒤 네 곳의 명산에서 주지를 지냈다. 양사언은 봉래산(蓬萊山) 표훈사(表訓寺)를 출입하면서 화암종사를 만났는데, 그를 평하여 "겉으로는 묵씨(墨氏)의 무리이지만, 실제로는 유자(儒者)이다."라고 칭송하였다. 그가 화암종사에게 준 시인 〈증화암상종사(贈花嵒尙宗師)〉가 《봉래시집(蓬萊詩集)》 권2에 수록되어 있다.

2 원문에는 '사대자(四大字)'라고 되어 있으나, '봉래풍악원화동천(蓬萊楓嶽元化洞天)'은 8자이고, 《농암집》 제23권, 〈동유기(東游記)〉의 "양봉래가 쓴 '봉래풍악원화동천'이라는 여덟 글자가 바위에 새겨져 있는데, 용이 꿈틀대는 듯한 필치가 산세와 자웅을 겨루는 듯했다."라는 기록에 의하여 8자로 고쳐 번역하였다.

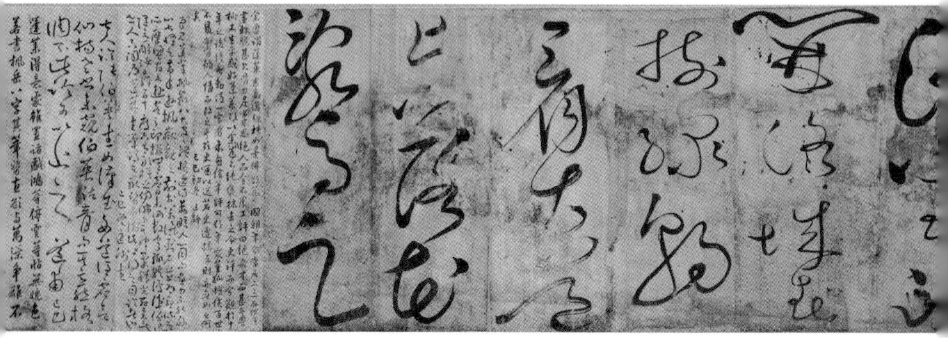

양사언의 글씨

16세기경, 종이에 먹, 41.5×123.3cm, 서강대학교 박물관 소장.

16세기 문신이자 시조작가인 양사언은 초서체로도 유명하다. 이 작품은 당나라 저광의(儲光羲)의 오언시 〈낙양도(洛陽道)〉 5수 가운데 제1수를 쓴 것이다. 성해응이 언급한 작품은 아니지만 이 초서에서도 빠르고 거침없는 필치를 보여주며, 타고난 자질이 뛰어나 필법에 전혀 속기가 없다는 평에 어울린다.

19

보현비

이 비는 영변(寧邊)의 묘향산(妙香山) 보현사(普賢寺)[1] 뒤에 있다. 김부식(金富軾)이 비문을 짓고 문공유(文公裕)[2]가 글씨를 썼는데, 승려 탐밀(探密)[3]을 위해 지어준 것이다. 문장이 매우 뛰어나고 아름다우며 필체도 수려하고 자연스럽다. 다만 고삐 풀린 말처럼 자유분방하니 후대의 새로운 기풍을 열어놓은 듯하다. 아마도 조문민(趙文敏, 조맹부)의 필체를 많이 배웠기 때문인 것으로 보인다.

---

1 평안북도 영변군의 묘향산에 있는 절이다. 고려 968년(광종 19)에 탐밀과 광곽(廣廓) 법사 등이 세운 절로 임진왜란 때 휴정이 의병을 일으킨 곳으로도 유명하다.

2 문공유(文公裕, ?~1159)의 자는 항적(亢迪), 개명(改名)은 고수(顧壽), 본관은 남평(南平)이다. 1112년(예종 7) 문과에 급제하였고, 예부·형부·병부 상서 등을 역임하였다. 인종이 즉위한 후 이자겸(李資謙)이 집권하자, 그와 맞섰던 장인이 죽게 되면서 형과 함께 유배되었다. 이자겸이 몰락한 뒤 복직되고, 금나라에 사신으로 다녀왔다. 글씨에 능했으며 주로 문한직을 역임하였다. 작품으로 〈묘향산보현사창사비명(妙香山普賢寺創寺碑銘)〉이 있다.

3 고려 정종 때의 승려로, 황해도 황주(黃州) 출신이다. 25세 때 출가하여 이름난 고승들에게 화엄교관(華嚴敎觀)을 전수받았으며 1028년(현종 19) 묘향산에 들어가 안심사(安心寺)를 창건하고, 제자 굉확(宏廓)과 함께 학인을 가르쳤다. 1042년(정종 8) 안심사의 동남쪽에 보현사를 지어 선문(禪門)을 진흥시켰다

20

우암 송시열의 필적

우옹(尤翁, 송시열[宋時烈])의 글씨는 웅장하고 장중해서 바라보면 태산교악(泰山喬岳)과 같은 기상이 있다. 이 첩은 성리설(性理說)에 관한 내용을 쓴 것이니 더욱 공경히 음미할 만하다.

내가 일찍이 화양동(華陽洞)을 지나다가 선생의 자취를 보고 우러러 그리워하는 마음이 생겼으니, 어찌 내 마음이 공자(孔子)의 제자들이 궐리(闕里)[1]를 지나다가 머뭇거리며 떠나지 못했던 것보다 덜하겠는가?

여주(驪州)의 청심루(淸心樓)를 지나면서

밤이 깊어 달 지고 능의 잣나무 캄캄한데,	夜久月沈陵栢暗
어느 곳에서 무릎 꿇고 진달할지 모르겠네.	不知何處跪陳辭[2]

라는 시를 읽으니, 또 굳고 변함 없는 군신의 의리에 대한 감개가 인다고 하겠다.

---

1 중국 산동성(山東省) 곡부현(曲阜縣)에 있는 지명으로, 공자가 제자들을 가르친 곳이다.

2 이 시는 송시열(宋時烈, 1607~1689)의 〈밤에 청심루에 앉아 영릉을 바라보며 감회에 젖어(夜坐淸心樓瞻望寧陵感賦)〉 2수 중 첫 번째 수의 미련(尾聯)이다. 다만 《송자대전(宋子大全)》에는 '야(也)'가 '좌(坐)'로 되어 있으니, 이는 성해응이 잘못 기록한 것으로 보인다.

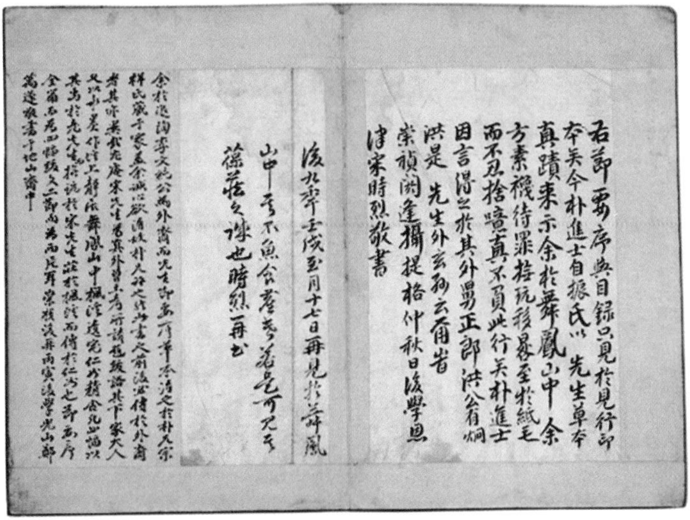

《퇴우이선생진적첩(退尤二先生眞蹟帖)》 중 송시열의 발문
1746년, 종이에 먹, 32.5×22.3cm, 삼성문화재단 소장.
이황·송시열·정선 등의 그림을 연대순으로 묶어낸 서화첩에 송시열이 발문을 쓴 것으로, 필체가 웅장하고 높은 기상이 있다.

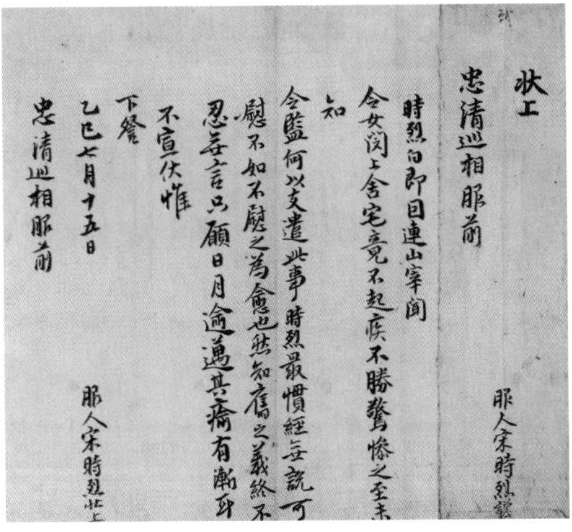

송시열의 편지
18세기경, 종이에 먹, 28.5×33cm, 국립중앙박물관 소장.

21

사천 이병연의 시첩

사천(槎川) 이병연(李秉淵)[1] 공은 백악(白嶽, 북한산) 근처에 살았는데, 어려서 도연명(陶淵明)의 시를 배워 나이 80세가 되자 시의 격조는 더욱 굳세어지고 저술이 아주 많았다.

이 공이 안산 군수로 있을 때 나의 증백조부(曾伯祖父)인 소헌공(嘯軒公)[2]이 안산에 살아 매우 친하게 지냈으며, 할아버지 소계부군(踈溪府君)과 종조부 광재부군(廣齋府君)과는 시문을 자주 주고받았다. 이때 선친은 어려서 시문으로 폐백을 대신하였으니, 이 공이 크게 칭찬하고는 시에 "봉함을 뜯어보니 내 벗이 아니며, 또 두 번 이름을 이루었네.(開緘非我友, 又是二成名.)"라고 써 주었다. 이 첩은 모두 우리 집안에 준 시이며 필체 또한 진의(眞意)가 훌륭해서 보배로 삼을 만하다.

---

1 이병연(李秉淵, 1671~1751)은 자는 일원(一源)이고 사천(槎川)은 그의 호이다. 백산(白山)에 살았고, 김창흡의 문인이며, 벼슬은 음보(蔭補)로 부사(府使)에 이르렀다. 시에 뛰어나 영조시대 최고의 시인으로 일컬어졌다. 저서로《사천시초(槎川詩抄)》2책이 전한다.

2 성해응의 증조부인 성몽량(成夢良, 1718~1795)을 말한다. 자는 여필(汝弼), 소헌(嘯軒)은 그의 호이며, 1702년 진사시에 합격하였다.

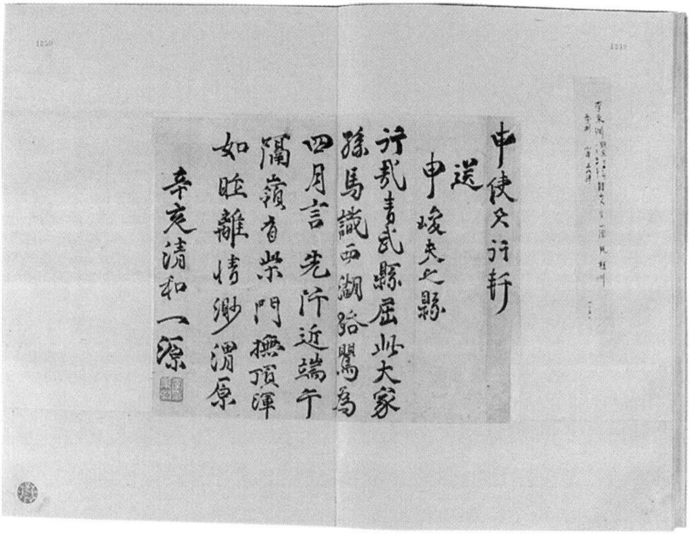

《근묵》 중 이병연의 시

17세기경, 종이에 먹, 31.5×26.1cm, 성균관대학교 박물관 소장.

《근묵》은 34책으로 이루어진 첩장본(帖裝本)으로 위창(葦滄) 오세창(吳世昌)이 우리나라 선현들의 묵적 가운데 서간류 소품을 수집하여 엮은 것이다. 이병연의 시는 유려하고 창달한 필치를 보여준다.

22

능호 이인상의 편지

능호공(凌壺公)[1]은 명교(名敎)로 자중하였으며 튼튼이 문장을 지었다. 그의 전서는 뛰어난 기상이 종횡무진하여 구구한 필가(筆家)가 속성으로 취할 수 있는 것이 아니었다. 우리나라의 전서 필법은 매우 보잘 것 없었는데 공이 새로운 필법을 만들어서 옛 법에 부합시켜 비로소 새로운 경지를 열어주었다.

공은 단양(丹陽)의 산수를 유람하는 것을 가장 좋아하여 절벽에 새긴 것이 많았다. 또 구담(龜潭)의 옥순봉 위에 다백운루(多白雲樓)를 짓고 그곳에서 살려고 했는데, 뜻을 이루지는 못하였다. 그래도 구담을 지나는 사람들은 그의 문채를 생각할 것이다. 이 첩은 전부 돌아가신 조부(성효기)를 위해 쓴 것으로 모두 빼어나 읽을 만하니 어찌 구양수와 소식의 편지[2]만 읽을 만한 것이겠는가.

---

1 이인상(李麟祥, 1710~1760)을 말한다. 자는 원령(元靈), 호는 능호관(凌壺觀)·보산자(寶山子), 본관은 전주이다. 강직한 성격으로 관찰사와 다툰 뒤 관직을 버리고 평소 좋아하던 단양에 은거하여 벗들과 시서화를 즐기며 여생을 보냈다. 글씨 중 해서체는 안진경(顏眞卿)을 따랐으며, 전서체는 마음 내키는 대로 써서 당시 '기(奇)' 또는 '허(虛)'하다는 평가를 받았다.

2 구양수와 소식은 송나라의 대표적인 문장가로, 이들의 편지를 간추려 뽑아 만든 《구소수간(歐蘇手簡)》이 있다.

이인상의 초상화
작가 미상, 18세기경, 종이에 채색,
51.1×32.7cm, 국립중앙박물관 소장.

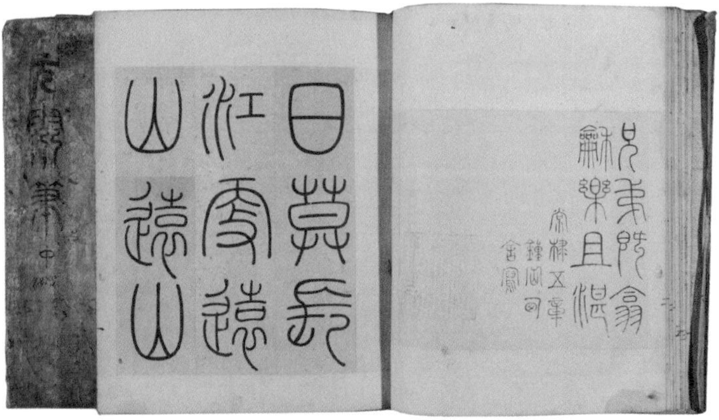

《원령필(元靈筆)》 중 이인상의 글씨
18세기경, 종이에 먹, 42.1×35.8cm, 국립중앙박물관 소장.
이 서첩은 이인상이 우리나라와 중국의 유명한 글들을 모아 전서와 예서로 쓴 것으로, 현존하는 이인상의 필첩(筆帖) 중 가장 많은 글씨가 실려 있다. 그는 특히 전서의 새로운 경지를 열었다는 평을 받으며 이서구(李書九)는 그의 전서를 두고 동국의 제일이라 평했다.

23

경산 이한진의 전예첩

경산(京山) 이공(李公)[1]은 전서(篆書)와 예서(隸書)로 우리나라에 이름이 났는데 중국의 먼 변방까지 알려져 공의 글씨가 귀하다는 것을 모르는 이가 없었다. 필법이 매우 치밀하였으며, 노년에는 더욱 부화(浮華)함을 벗어나 스스로 힘차고 신묘한 경지로 나아갔다. 고전(古篆)과 종정체(鍾鼎體)[2]는 익히기를 좋아했지만 조적(鳥跡)과 과두(蝌蚪)와 같은 전서[3]는 익히지 않고 말하기를 "이것은 괴상하고 망녕되어 본받을 만한 것이 못된다."라고 하였다. 매번 남에게 글을 쓸 때에도 역시 성현의 경전과 정자(程子)·주자(朱子)의 격언과 가르침을 썼을 뿐이다.

이 첩은 공이 신해년(1791) 여름에 동음(洞陰)의 산속으로 돌아가 은거할 때 장맛비가 열흘이나 내려 무료하기에 두공부와 주회암(주자)의 시 몇 첩을 써서 비서성(秘書省)에서 숙직하고 있던 나의 선친

1 이한진(李漢鎭, 1732~1815)을 말한다. 자는 중운(仲雲)이고, 경산(京山)은 그의 호이며, 본관은 성주(星州)이다. 벼슬은 감역(監役)을 지냈다. 전서(篆書)에 뛰어났으며 글씨는 당나라 이양빙(李陽氷)의 소전(小篆)을 따랐다. 음악에도 능하여 그의 퉁소는 홍대용(洪大容)의 거문고와 함께 짝하였다고 한다.

2 고전은 전서를 말하는 것으로 대전(大篆)과 소전(小篆)이 있다. 춘추 전국 시대와 진대(秦代)에 유행하여 고전이라 불렀다고 한다. 종정체는 은(殷)나라와 주(周)나라 때의 종과 솥 등 철기(鐵器)에 쓰여 있는 고문(古文)과 주문(籒文)을 말한다.

3 조적과 과두는 고대 문자의 하나로 황제(黃帝) 때 창힐(蒼頡)이 지었다고 한다. 자형(字形)이 새의 발자국과 같아서 조적이라고 하며, 글자 획이 올챙이 모양과 같아서 과두라 하였다.

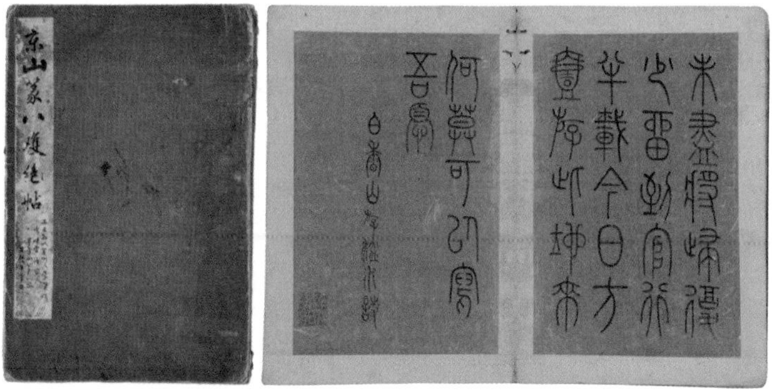

《경산전팔쌍절첩(京山篆八雙絶帖)》
이한진, 1790년, 가나문화재단 소장.
이한진이 59세에 쓴 5언율시들이다. 전서는 획이 가늘고 굵기가 일정하며, 예서는 예서비로 유명한 〈예기비(禮器碑)〉와 〈조전비(曺全碑)〉를 혼합한 것으로 보인다.

께 보낸 것이다. 항상 공이 혼자 작은 나귀를 타고 서울을 유람하면서 자주 우리 집에서 묵었던 생각이 난다. 문묵(文墨)의 고상한 놀이에 우정이 깊었으니 오래도록 잊을 수 없다.

24

정문보가 모사한 역산비

왕엄주(王弇洲)[1]가 말하기를

"옛날에 현인들은 서산기(徐散騎)[2]에 대해 평하기를 '자학(字學)은 잘해도 서법은 솜씨가 없다.'라고 하였다. 역산비(嶧山碑)[3]를 본받아 쓴 것은 겨우 그 외양만 흉내내 이른바 '잔설(殘雪)이 방울져 떨어지고 홍곡(鴻鵠, 기러기와 고니)이 무리지어 노니는 신묘함'을 구했으나, 단지 거친 연기와 우거진 수풀 사이에서 상상만 했을 뿐이다."[4]라고 하였다.

이 첩은 바로 송나라 순화 4년(993)에 정문보(鄭文寶)[5]가 서산기본

---

1 왕세정(王世貞, 1526~1590)을 말한다. 자는 원미(元美), 엄주(弇洲)는 그의 호이며, 소주부(蘇州府) 태창(太倉) 출신이다. 형부주사(刑部主事)를 역임하였다. 젊을 때부터 문명이 높아 가정칠재자(嘉靖七才子)의 한 사람으로 꼽혔고 의고주의(擬古主義)를 주장하였다. 저서로 《엄주산인사부고(弇州山人四部考)》, 《속고(續稿)》, 《예원치언(藝苑巵言)》 등이 있다.

2 서현(徐鉉, 917~992)을 말한다. 자는 정신(鼎臣), 호는 기성(騎省), 양주 광릉(廣陵) 출신이다. 남당(南唐)의 마지막 임금인 이욱(李煜)과 함께 송나라에 항복하여 여러 차례 산기상시(散騎常侍)를 역임하였기에 서산기라 불렸다. 《소학》에 능통하고, 전서와 예서를 잘 썼으며, 《설문해자(說文解字)》의 주석을 달았다.

3 진시황(秦始皇)이 자신의 공덕을 기려 역산에 세운 비로, 이사(李斯)가 글씨를 썼다고 전해진다. 원래는 서기전 219년에 쓴 것이나 산불로 훼손되어 993년에 다시 새겼다.

4 왕세정의 《엄주산인사부고》 권134 문부(文部) 〈진상역산비(秦相嶧山碑)〉를 인용한 구절이다.

5 정문보(鄭文寶, 953~1013)의 자는 중현(仲賢), 정주(汀州) 영화(寧化) 출신이다. 남당의 교랑(校郞), 송의 병부원외랑을 역임하였다. 시를 잘 지었고, 서현에게 글씨를 배워서 소전을 잘했으며, 이사가 쓴 《태산각석(泰山刻石)》을 모각했다.

역산비(嶧山碑)의 탁본

진시황(秦始皇)이 자신의 공덕을 기리기 위해 역산에 세운 비로, 이사(李斯)가 글씨를 썼다고 전해진다. 원래 비석은 서기전 219년에 쓴 것인데 산불로 훼손되어 993년에 다시 새겼다.

(徐散騎本)을 모사하여 장안의 옛 도읍지에서 새긴 것이다. 원본이 진귀하지 못한데 하물며 거기에서 나온 것은 말할 필요가 있겠는가. 왕엄주가 정문보본(鄭文寶本)을 말하지 않은 것은 아마 서산기본만 보았기 때문일 것이다.

25

석고문

석고(石鼓)[1]는 송나라 때 봉상(鳳翔)에서 개봉(開封)으로 옮겨졌고, 정강(靖康) 연간에 금나라 사람이 탈취하여 연경으로 돌아왔으며, 원나라 때 비로소 문묘에 놓였다. 국자감사업(國子監司業) 반적(潘迪)[2]이 음과 훈을 모두 달았는데, 남아 있는 것을 헤아리니 386자였다. 이제 탑본을 살펴보건대, 더 마모되긴 했으나 앞으로 몇백 년에서 몇천 년은 지탱할 수 있을 것이다. 시가 풍아(風雅)의 종류임에도 〈길일(吉日)〉과 〈거공(車攻)〉[3] 등 여러 시편과 함께 경서에 실리지 못한 것은 아마도 평왕(平王)이 동쪽으로 수도를 옮길 때[4] 전쟁으로 인해 경황이 없어 유실되었기 때문인 듯하다. 이 문장은 또 옛 글자가 많아 이해하기 어렵다. 〈길일〉과 〈거공〉도 이와 비슷할 것으로 생각된다. 여러 번 고찰하고 대교를 거쳐 비로소 지금의 본이 만들어졌으니, 선유들이 후학을 계도(啓導)한 뜻이 역시 깊다.

---

1 돌을 북 모양으로 조각한 것으로, 여기서는 주 선왕(周宣王)이 사냥을 마친 뒤 돌을 다듬어 북 10개를 만들어서 공을 기록한 것을 가리킨다. 글씨는 주(周)의 대전(大篆)으로 사주(史籀)가 쓴 것이다. 처음에는 기양현(岐陽縣)에 세워졌으며, 당나라 사람 정여경(鄭餘慶)이 봉상현(鳳翔縣)의 공자묘(孔子廟)로 옮겼다고 한다.

2 원나라 대명(大名) 원성(元城) 출신으로 박학하고 문장에 능했다. 국자감사업과 집현학사(集賢學士)를 지냈다.

3 둘 다 《시경(詩經)》 〈소아(小雅)〉의 편명이다.

4 평왕은 주나라의 폭군이었던 유왕(幽王)의 아들로, 서기전 770년에 도읍을 옮겨 주나라의 부흥을 이루었다. 이때부터 동주(東周)라고 한다.

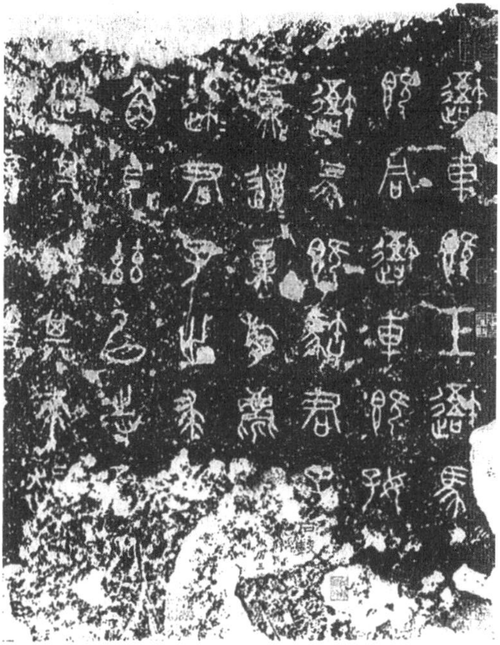

석고문의 탁본
중국에 현재 전해지는 것 중 가장 오래된 석각문자이다. 석고는 모두 10개였는데 각 돌마다 모두 사언시 한 수씩 새겨져 있다. 베이징 고궁박물원 소장.

26

예학명

앞의 〈예학명(瘞鶴銘)〉[1] 63자는 그 유래를 알지 못한다.

왕엄주는 "초산(焦山) 뒤 절벽에 갔다가 발견했는데 겨우 몇 자였다."[2]라고 하였으나, 구양공의 《집고록(集古錄)》[3]에는 600여 자가 수록되어 있고, 송나라 추밀(樞密) 소항(邵亢)[4]의 모본(摹本)에는 120여 자가 실려 있다. 또 왕사진(王士禛)[5]의 문인 장초(張弨)[6]의 탑본에 실려 있는 111자 가운데 송나라 사람들이 보충해 새긴 32자가 섞여

---

1 514년 남북조시대에 양(梁)의 은사 도홍경(陶弘景)이 사랑하는 학을 묻고 슬픔을 못 이겨 양자강 하류 초산(焦山) 섬의 암벽에 새겨 놓은 글이다.

2 《엄주산인사부고》 권134, 〈예학명〉에 나오는 구절이다.

3 구양공은 구양수(歐陽脩, 1007~1072)를 말한다. 자는 영숙(永叔), 호는 취옹(醉翁)·육일거사(六一居士), 길주(吉州) 여릉(廬陵) 출신이다. 당시 고문운동의 영수로서 당송팔대가 중 한 사람이다. 저서에 《구양문충공집(歐陽文忠公集)》과 《집고록(集古錄)》이 있다. 《집고록》은 중국에 현전하는 가장 이른 시기의 금석학 저작으로 총10권이다.

4 소항(邵亢, 1014~1074)은 자는 흥종(興宗), 윤주(潤州) 단양(丹陽) 출신으로, 추밀부사(樞密副使)를 지냈다.

5 왕사정(王士禛, 1634~1711)이다. 자는 이상(貽上)·자진(子眞), 호는 완정(阮亭)·만호(晩號)·어양산인(漁洋山人), 산동(山東) 제남부(濟南府) 신성(新城) 출신이다. 본명은 사진(士禛)으로 옹정제의 이름과 같아 사정(士正)이라 고쳤는데, 건륭제가 사정(士禎)이라는 이름을 하사했다. 저서에 《대경당집(帶經堂集)》, 《지북우담(池北偶談)》, 《거이록(居易錄)》, 《향조필기(香祖筆記)》 등이 있다.

6 장초(張弨, 1624~?)의 자는 역신(力臣), 호는 극재(亟齋), 강남(江南) 산양(山陽) 출신이다. 육서(六書)와 금석문자를 정밀히 연구하였다. 고염무에게 수학하였으며, 스승의 《음학오서(音學五書)》를 교정하여 간행했다. 만년에는 경사(京師)에 들어가 왕사정에게도 배웠다.

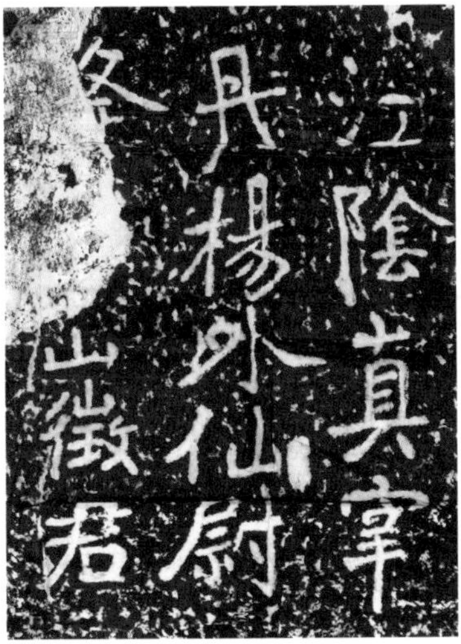

〈예학명〉 암각의 탁본
남북조시대 양나라 은사 도홍경(陶弘景)이 사랑하는 학을 묻고 슬픔을 이기지 못해 양자강 하류 초산의 암벽에 새긴 글이다.

있다. 왕엄주가 본 것은 몇 자에 불과한데, 훗날 엄주에 사는 장생(張生)이 그렇게 많은 글자를 어떻게 볼 수 있었던 것일까?

내가 생각하기에, 구양공이 간직하고 있는 것은 또한 옮겨와 새긴 것으로 진본이 아닌 듯하다. 내가 근래에 본 예학명은 문장이 용렬하고 글씨가 천박해서 도무지 고고한 분위기라곤 없다. 우리 집에 소장된 모본이 자못 힘차면서 고풍스러워 가장 진본에 가깝다.

27

자앙 조맹부의 글씨

절구시 〈해당(海棠)〉을 각본(刻本)한 조자앙(조맹부)의 네 첩은 매우 뛰어나 격식을 벗어난 자태가 멋스러우니, 생각건대 붓을 마음껏 휘둘러 시원스럽고 빠르며 빼어난 기운은 막을 수 없을 것이다. 필의 또한 해당화가 이제 막 피어 교태와 요염함으로 사람을 맞이하는 듯하고, 몹시 향기로워 움켜쥘 수 있는 것 같다.

28

배와 김상숙의 편지

배와의 척독(尺牘, 짧은 편지) 2권은 모두 선친과 주고받은 서신들이다. 표현이 심오하여 한 문장 한 글자라도 다 보배로 여길 만하며, 더욱이 상대를 인정하는 넉넉함은 옛사람들에게서도 쉽게 얻을 수 없는 것이었다. 또 이 첩은 공이 만년에 쓴 것으로 모두 평소 남에게 주려고 쓴 것이어서 문장이 매우 고아하며, 첩 가운데 작은 글씨는 더욱 정교하다.

내가 한번은 공에게 필법에 대해 여쭈어본 일이 있다. 공은 "공경하는 마음에서 시작해야 한다."라고 하셨으니, 지금 생각해봐도 참으로 음미할 만하다.

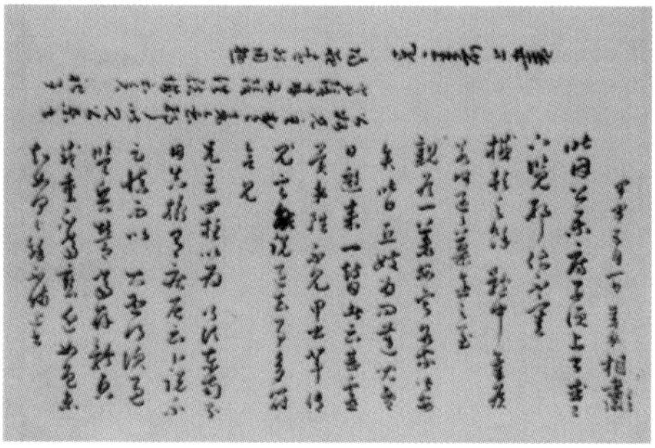

김상숙 글씨
18세기경, 종이에 먹, 경기도 박물관 소장. 고상한 인품이 단정하고 담박한 글씨에 묻어난다.

29

석봉 한호의 천자문

옛날 사람들은 주흥사(周興嗣)[1]의 천자문을 베껴 쓰는 것을 좋아하였고, 우리나라에서 아이들을 가르칠 때 반드시 천자문으로 먼저 가르쳤기 때문에 이것이 세상에 성행하였다. 나는 조문민이 쓴 천자문을 본 적이 있는데 매우 정교하여 좋았다. 지금 한석봉이 쓴 것을 얻었는데, 웅장하고 기이함은 조문민의 솜씨를 능가했지만 이것은 액체(額體)[2]이다.

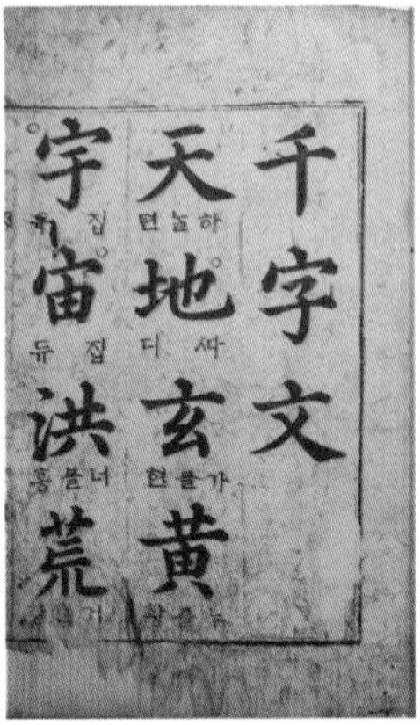

《천자문》 중 한호의 글씨
17세기경, 목판본. 20×32cm.
1650년 목활자로 간행한 책으로, 아동용 한자 교육 교재로 사용되었다. 글자마다 발음과 의미와 성조가 기록되어 있다.

속설에 의하면 선조 임금 때 사자관(寫字官)[3]으로 유명했던 이사룡(李思龍)은 한석봉과 함께 천자문을 써서 올리라는 명

---

1 주흥사(周興嗣, 470(?)~521)의 자는 사찬(思纂)이다. 기전(記傳)에 두루 정통했고, 글을 잘 지었다. 계양군승(桂陽郡丞)을 역임하였으며, 무제의 명으로 왕희지의 글씨를 모아 《천자문》을 지었다. 사궁일구(四宮一句)로 된 250구의 운문을 하루 만에 지으면서 노심초사한 결과, 주흥사는 천자문을 끝내고 갑자기 머리가 세었다고 한다.

2 편액에 쓰이는 글씨이다. 굵은 필획으로 써서 뚜렷하고 분명하게 보이도록 하는 것이 원칙이었다. 글씨 짜임새가 긴밀하고 필획은 방정하면서도 강건한 글씨여야 하기에 주로 해서를 많이 썼다. 편액 글씨체로 원나라 승려 설암(雪庵) 이부광(李溥光)의 글씨가 고려 말에 수용된 이래 애용되었다.

3 조선시대 승문원(承文院)·규장각(奎章閣)의 말단 벼슬로 문서를 정사(精寫)하는 일을 담당하였다.

을 받았다. 선조는 한석봉의 필체를 더 훌륭하다고 여겨 한석봉의 천자문을 간행하도록 명하였다. 탁본이 이미 오래되어 예리한 맛은 다 사라졌지만, 흐릿한 가운데서도 곤새가 홀로 날아오르는 듯한 기세가 느껴진다.

30

보현당첩

《보현당첩(寶賢堂帖)》[1]은 명나라 진정왕(晉靖王)이 세자 때 판각한 것이다. 돌의 결이 거칠어 모각한 것을 3번이나 탑본했지만 다 잘되지 않았다. 이 때문에 《순화각첩》이나 《강첩(絳帖)》[2] 등 여러 첩보다는 수준이 떨어졌다. 왕엄주가 일찍이 예전에 세긴 진적(眞迹)을 보고 싶어 했으나 하나도 남아 있는 것이 없었다.

이 첩이 언제 우리나라에 유입되었는지 알 수 없지만 탑본이 아주 정밀하니 분명 여러 차례 번각을 거친 것은 아닐 것이다. 남아 있는 첩 중에서 제 3, 4권이 우리 집에 있는 왕우군의 서첩 안에 있다. 《극한첩(極寒帖)》, 《추상첩(追傷帖)》, 《독열첩(毒熱帖)》이 가장 뛰어난데 모두 이 첩에 들어 있다. 나는 아침저녁으로 이것을 감상하면서 잠시도 손에서 놓지 않았다.

---

1 진정왕(晉靖王) 주기원(朱奇源)이 세자로 있던 1496년(홍치 9)에 왕진(王進)에게 명하여 편찬한 《보현당집고법첩(寶賢堂集古法帖)》을 말한다. 12권으로 되어 있으며, 명나라에서 두 번째로 유명한 총첩이다.

2 송나라 강주(絳州) 사람인 반사조(潘師朝)가 만든 것으로, 《순화각첩》을 토대로 하고 기타 법첩으로 보강한 것이다.

31

집안에 소장된 법첩

우리 집에 소장된 법첩 중에 조맹부·동기창·주지번(朱之蕃)·여사담(呂思澹)·아극돈(阿克敦)의 글씨를 모아 한 권으로 만든 것이 있는데, 모두 필적이 선명하니 더욱 진귀하여 감상할 만하다.

다만 송설(松雪, 조맹부)의 필체는 농익고 아름다운 맛이 매우 부족하여 자신의 본색(本色)과 동떨어졌으니 아마 모조품이 어지럽힌 것인 듯하다. 난우(蘭嵎, 주지번)의 작은 글씨 해서는 잘 썼지만 다소 유약한 것이 아쉽고, 현재(玄宰, 동기창)의 행서와 초서는 가늘게 엉기는 맛이 있다. 여씨의 필체는 정밀하여 본받을 만하다. 아극돈도 자유롭지만 제법 법도를 준수했으니 참으로 예원(藝苑)의 보배이다.

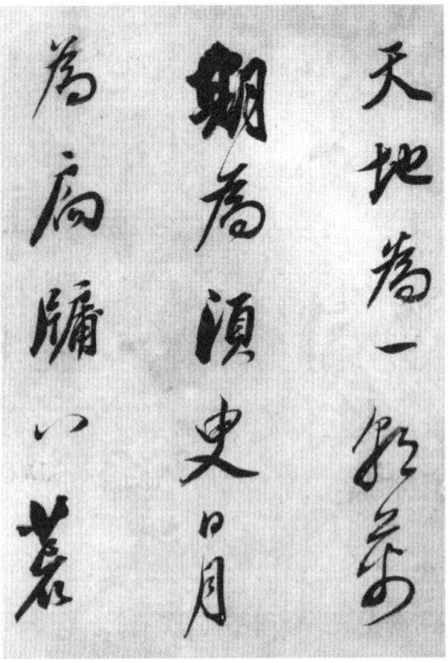

동기창의 글씨
16세기경 명대 말 가장 뛰어난 서화가 중 한 사람인 동기창이 쓴 〈주덕송(酒德頌)〉이다. 행서와 초서는 가늘게 엉기는 맛이 있다.

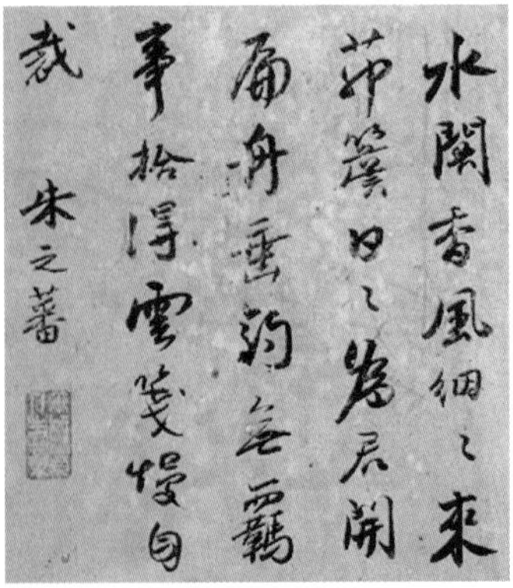

주지번의 글씨
1610년, 종이에 먹, 29.8×22cm, 국립중앙박물관 소장. 주지번은 오치(吳稚), 진상고(陳尚古), 문종충(文從忠) 등의 그림을 모은 화첩 〈일소첩(一笑帖)〉에 연관되는 시를 썼는데 그 가운데 하나다.

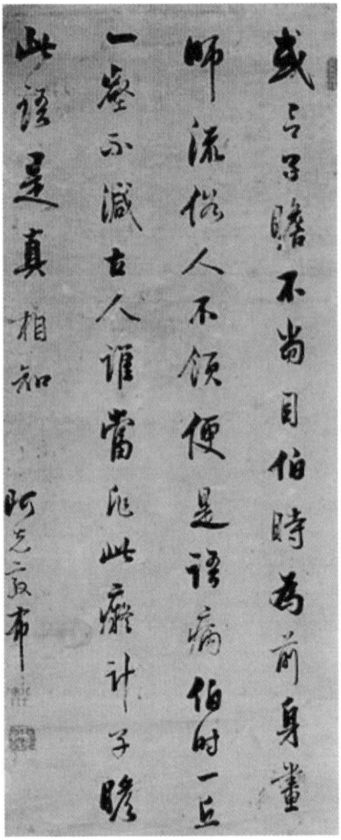

아극돈의 글씨
17세기경, 종이에 먹, 87×37cm, 개인 소장. 필체가 자유로운데 법도를 준수하여 예술계의 보배라는 평을 받는다.

조아비

조아비(曺娥碑)[1] 선본은 구하기가 매우 어렵다. 지금 통행되는 두 개의 본을 보니, 하나는 비본(肥本, 자획이 굵은 본)이고 또 하나는 수본(瘦本, 자획이 가는 본)인데 비본이 더 낫다. 우리 집에 소장하고 있는 것은 바로 이 비본이다.

한퇴지(韓退之, 한유)·승려 회소(懷素)[2]·미불(米芾)[3]·축윤명(祝允明)[4]의 품평이 다 실려 있어 그 본말을 증명할 수 있다. 대체로 내용이 온후하고 순수하여 정녀(貞女)의 뜻을 깊이 이해했으니, 경박한 풍속에 무젖은 사람들이 그것을 보면 옷깃을 여미고 경외심을 일으키도록 만든다. 그러나 축윤명이 쓴 것 중에 '꽃잎이 거친 물결에 떠다

---

1 조아의 무덤에 세운 비이다. 조아는 한나라 조우(曺盱)의 딸인데, 14세 때 그의 아버지가 물을 건너다 익사하자 17일 동안 울다가 물에 투신하였고 5일 뒤 시체가 되어 아비의 시체를 끌어안고 물 밖으로 나왔다고 한다. 당시 한단순(邯鄲淳)이 조아를 효녀라 일컫고 뇌문(誄文)을 지었다. 그 후 이 뇌문을 비에 새겼는데, 글씨가 왕희지의 작품이라고 한다.

2 회소(懷素, 725~785)의 자는 장진(藏眞), 영주(永州) 영릉(零陵) 출신이다. 어려서 불도에 입문하여 종형제인 오동으로부터 왕희지의 《악계첩(惡溪帖)》과 왕헌지의 《소로첩(騷勞帖)》을 얻어 서법을 익혔다. 서필(書筆)은 장욱(張旭)의 광초(狂草)의 흐름을 따랐으며, 술에 취하면 사찰과 마을의 벽, 옷, 그릇 등에 잡히는 대로 썼다고 한다.

3 미불(米芾, 1051~1107)의 자는 원장(元章), 호는 남궁(南宮)·해악외사(海岳外史)·녹문거사(鹿門居士)이다. 수묵화뿐만 아니라 문장과 시서(詩書), 고미술 일반에 대해서도 조예가 깊었고, 소동파·황정견 등과 친하였다. 글씨에 있어서는 채양(蔡襄)·소동파·황정견과 더불어 '송사대가(宋四大家)'로 불리며, 왕희지의 서풍을 이었다. 행초(行草)에 특히 뛰어났다.

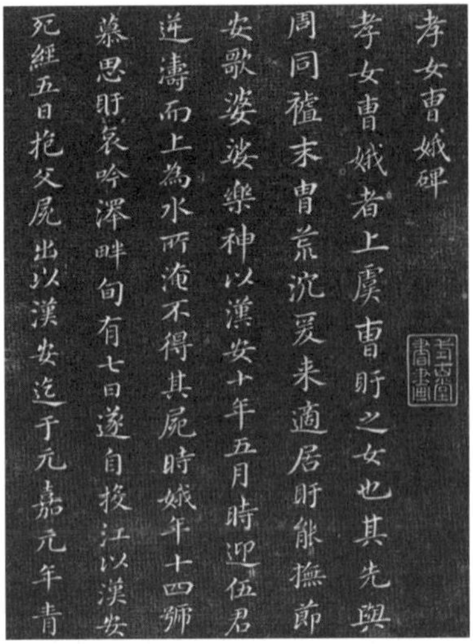

조아비의 탁본
한나라 때 조아의 무덤에 세운 비. 한단순이 그녀의 효행을 기려 뇌문을 짓고 비에 새겼는데, 왕희지의 글씨라 전한다.

니네(花藥漂流駭浪).'라는 내용은 전혀 그렇지 않다.

4 축윤명(祝允明, 1460~1526)은 자는 희철(希哲), 호는 지지(枝指)·지산(枝山)이며, 소주부 장주(長州) 출신이다. 동향인 당인(唐寅)과 친하였고, 문징명(文徵明)·서정경(徐禎卿)과 함께 '오중사재자(吳中四才子)'라 불렸다. 서법은 이응정(李應禎)과 서유정(徐有貞)에게 배워 두 사람의 장점을 잘 계승했다. 소해(小楷)와 행서는 고법을 터득했다고 일컬어지며, 광초는 회소의 서법을 배워 칭송받았다.

33

중은첩

선친은 정조 무신년(1788) 여름에 비서성에서 숙직을 오래 하셨다. 동음(洞陰, 강원도 신철원)의 산속에 있던 경산 이한진 공이 백낙천(白樂天, 백거이[白居易])의 〈중은(中隱)〉[1] 시를 써 보냈는데 아마도 선친께서 당시 처한 상황에 견준 것인 듯하다. 선친은 그 운에 따라 시를 짓고 또 주계(朱溪) 나공(羅公, 나열)이 화답한 시를 붙이셨다. 경산 이공이 이것을 소전(小篆)으로 써서 장정하여 첩으로 만들었다.

풍류와 문채가 당시 밝게 빛나고 후세에 보는 사람들 중에도 흠모하여 따라가지 못할 것이라고 생각하는 이들이 분명 있을 것이니, 이것이 어찌 우리 집안의 보배일 뿐이겠는가.

---

1 시끄러운 도시나 분쟁 많은 조정에 몸담고 있으면서도 은자의 여유를 누리는 것을 '대은(大隱)', 속세를 아예 벗어나 은거하는 것을 '소은(小隱)'이라 한다. 백거이는 〈중은〉에서 한가로운 벼슬을 맡아 여유롭게 지내는 것을 '중은(中隱)'이라 하였다. 〈중은〉의 도입부는 다음과 같다. "대은은 조정과 저잣거리에 숨고, 소은은 산속에 들어가는 것이라네. 산속은 너무 쓸쓸하고, 조정과 저잣거리는 너무 시끄럽다네. 차라리 대은과 소은의 중간에 은거하여, 관직에 은거하는 것이 적당하이. (大隱住朝市, 小隱入丘樊. 丘樊太冷落, 朝市太囂喧. 不如作中隱, 隱在留司官.)"

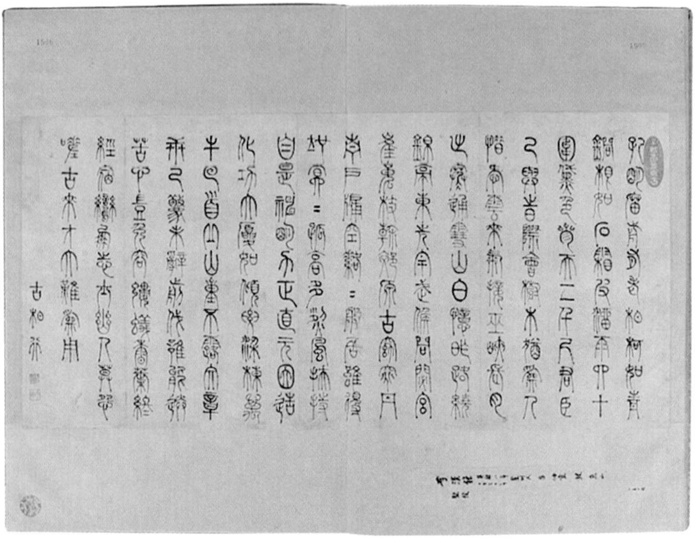

《근묵》 중 이한진이 전서체로 쓴 시
18세기경, 56.8×26.7cm, 종이에 먹, 성균관대학교 박물관 소장.

34

오리 이원익의 필적

이 첩은 이문충공(李文忠公)[1]이 숭정 갑술년(1634), 공의 나이 88세 때 쓴 것이다. 아래는 사위인 수재 윤영(尹鍈)[2]에 대해 쓴 것으로, 그 내용은 다음과 같다. "나는 지조와 식견이 있는 그를 아꼈었다. 노년의 나를 찾아와서는 내 필적을 얻어 훗날 나를 생각하겠다고 해서 슬프기도 하고 경탄스럽기도 하여 37자를 써주었다."

그가 쓴 것은 당나라 시인의 절구 17수인데, 몽당붓으로 써서 매우 거칠지만 정직하고 엄한 기상이 처연하게 펴져 나와 글씨를 보면 바로 몸을 일으켜 경의를 표하고 싶어진다.

윤영은 참으로 뛰어난 선비지만 불우한 처지로 인해 과거를 볼 수 없었고 게다가 자식도 없어 저서가 유실된 지 이미 오래되었으니 더욱 애석하다. 내가 바로 문충공의 외손이기 때문에 이 첩이 마침내 우리 집에 전해지게 된 것이다.

---

1 이원익(李元翼, 1547~1634)을 말한다. 자는 공려(公勵), 호는 오리(梧里), 본관은 전주이며, 문충은 그의 시호이다. 인조의 묘정(廟庭)에 배향되었고, 저서에 《오리집(梧里集)》, 《속오리집(續梧里集)》 등이 있다.

2 윤영(尹鍈, 1611~1691)은 아버지는 대사헌을 지낸 윤효전(尹孝全)이고, 어머니는 이순신의 서녀였다. 윤효전은 첫 부인 파평윤씨에게는 자식이 없었고, 첩인 덕수이씨에게서 윤영을 얻었으며, 본부인 사후 얻은 둘째 부인인 김덕민의 딸 경주김씨에게서 아들 윤휴(尹鑴)를 얻었다. 남인 재상 이원익의 서녀와 혼인하였다. 1639년 청과 강화조약이 이루어지자 이를 치욕으로 여겨 과거 시험에 응하지 않고 직접 북벌을 할 목적으로 전국을 답사하고 북방을 탐험하여 《여지도(輿地圖)》와 같은 지도를 만들었다.

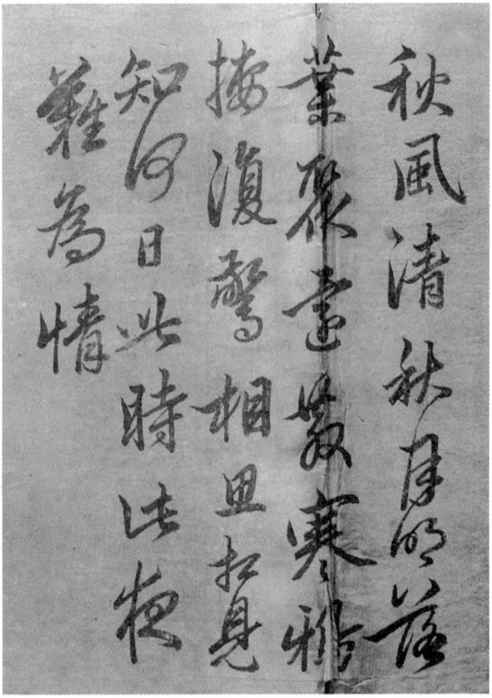

이원익의 편지

17세기경, 종이에 먹, 25.2×24.5cm, 국립중앙박물관 소장.

이원익이 틈이 나지 않아 찾아가 안부를 전할 수 없음을 안타까워하며 쓴 편지다. 성해응이 언급한 절구시는 아니지만 편지를 통해 그 글씨의 정직하고 엄한 기상을 확인할 수 있다.

35

미수 허목의 편지

미수(眉叟)[1]의 문장과 필체가 모두 뛰어나 우리나라 사람의 품격을 넘어섰으니, 늘 척주비(陟州碑)[2]와 노량비(露梁碑)를 볼 때마다 심오하여 읽을 만하였다. 미수의 난해한 문장은 《반고(盤誥)》[3]를 정밀히 배우고자 한 결과이고, 전서체는 더욱 힘차서 기운이 넘치고 신품(神品)이 완벽하니 또한 양한(兩漢) 이후의 제가(諸家)들이 따라갈 수 있는 경지가 아니었다.

그가 연천(漣川)의 산속에 있을 때 고목처럼 정좌하고 있으면 산새들이 그에게 모여들었다고 한다. 만년에 노환으로 손이 떨려 남에게 글씨를 써줄 때면 획이 흔들려서 더욱 기이하였다.

이 첩은 참봉 부군(參奉府君)[4]과 주고받은 문안편지로 해서와 초서로 되어 있는데, 비록 자연스러움은 부족하지만 간결함은 본받을 만하다. 문장도 그와 같다.

---

1 허목(許穆, 1595~1682)을 말한다. 자는 문보(文甫)·화보(和甫), 미수(眉叟)는 그의 호이며, 본관은 양천이다. 영남 남인의 거두 정구(鄭逑)에게 수학하였으며, 사상적으로 이황과 정구의 학통을 이어받아 이익(李瀷)에게 연결시킴으로써 남인 실학파의 기반이 되었다. 전서의 독보적인 경지를 이루었다.

2 척주동해비를 말한다. 강원도 삼척시 정라동에는 정라항(삼척항)이 내려다보이는 육향산 정상에 높이 170.5cm, 폭 76cm, 두께 23cm 규모의 척주동해비가 비각 안에 세워져 있다.

3 은반주고(殷盤周誥)의 준말로, 고문 중 난해하기로 이름난 《서경(書經)》 〈상서(商書)〉의 반경(盤庚) 상·중·하 세 편과 〈주서(周書)〉의 대고(大誥)·강고(康誥)·주고(酒誥)·소고(召誥)·낙고(洛誥) 다섯 편을 합한 말이다.

4 성해응의 5대조 성후룡(成後龍, 1621~1671)을 가리킨다.

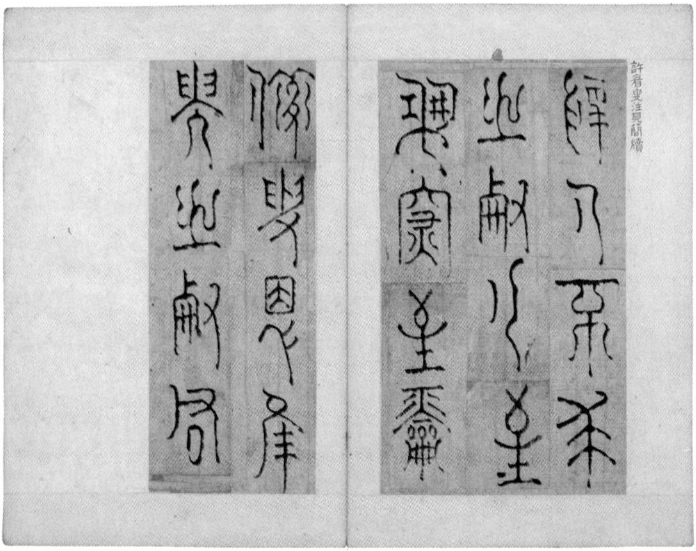

《해동명필첩(海東名筆帖)》 중 허목의 글씨

17세기경, 종이에 먹, 31.5×20cm, 국립중앙박물관 소장.

허목의 전서체는 고전(古篆)을 바탕으로 독특한 형상과 변화가 큰 날카로운 필치로 개성을 드러내고 있다. 미수체(眉叟體)라는 독창적인 글씨체를 이루었다.

36

동춘당 송준길과 노봉 민정중 형제의 편지

동춘당(同春堂)[1]은 타고난 기상이 온화한데 문장도 그러하다. 공의 글을 읽으면 잡된 생각을 씻어버리고 싶을 만큼 이따금 속세를 벗어난 기운이 넘쳐나는 것을 느끼게 된다. 노봉(老峯)[2]은 엄정하고 우뚝한 것으로 이름났고 필체 역시 반듯하니 동춘당의 필체를 배우지 않았다. 여양(驪陽)[3]의 편지도 집안에서 쓰는 글자체이다.

이것은 모두 참봉 부군에게 보낸 것인데 시골집에서 쓴 것으로 농가의 흥취를 자세하게 설명하고 있다. 게다가 따뜻한 봄이 되면 산골짜기로 가서 약초를 캐고 싶다고 말하고 있으니, 옛사람들은 이처럼 은거에 마음을 두었던 것이다. 편지에서 "공께서 여름이면 제방 서쪽에 물러나 살고 싶다고 언급하신 내용을 받았습니다."라고 하였으니, 어쩌면 참봉 부군께서도 일찍이 은거를 권유했나 보다.

---

1 송준길(宋浚吉, 1606~1672)을 말한다. 자는 명보(明甫), 동춘당(同春堂)은 그의 호이며, 시호는 문정(文正)이다. 이이를 사숙(私淑)했으며, 김장생(金長生)과 김집(金集)의 문하에서 학문을 배웠다. 예학에 밝고 문장과 글씨에도 능하였다. 저서에 《동춘당집(同春堂集)》 등이 있다.

2 민정중(閔鼎重, 1628~1692)을 말한다. 자는 대수(大受), 노봉(老峯)은 그의 호이며, 본관은 여흥(驪興)이다. 1649년(인조 27) 정시 문과에 장원하여 대사헌을 거쳐 이조 판서 등을 역임하였다. 1689년 기사환국(己巳換局) 때 남인이 다시 득세하자 벽동(碧潼)에 유배되어 그곳에서 죽었다. 《노봉문집(老峯文集)》 등이 있고, 글씨에도 능하였다.

3 여양부원군(驪陽府院君) 민유중(閔維重, 1630~1687)을 말한다. 자는 지숙(持叔), 호는 둔촌(屯村)이다. 숙종의 계비인 인현왕후(仁顯王后)의 아버지이며, 민정중의 동생이다. 경서에 밝고, 저서에 《민문정유집(閔文貞遺集)》이 전한다.

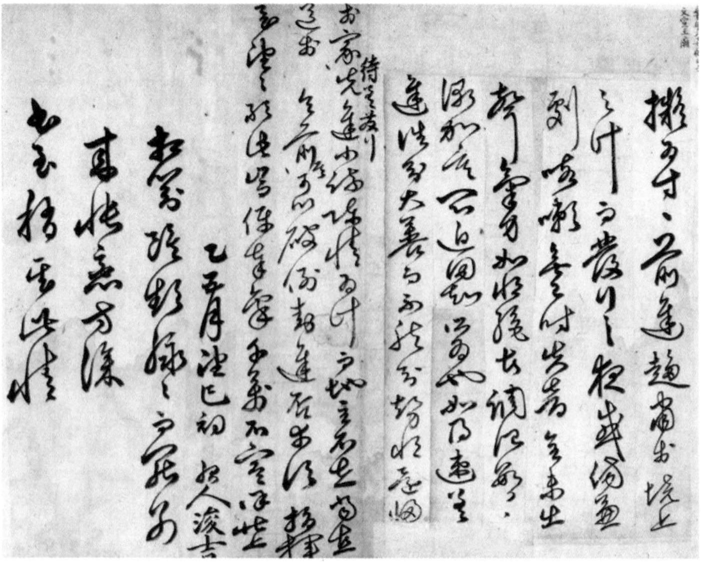

송준길의 편지
17세기경, 종이에 먹, 41.5×32.3cm, 국립중앙박물관 소장.
송준길이 몸이 좋지 않아 낫는 대로 길을 떠나겠다고 밝힌 내용의 편지이다. 성해응이 언급한 내용의 편지는 아니나 그의 글씨에서 온화하고 속세를 벗어난 기운이 넘침을 확인할 수 있다.

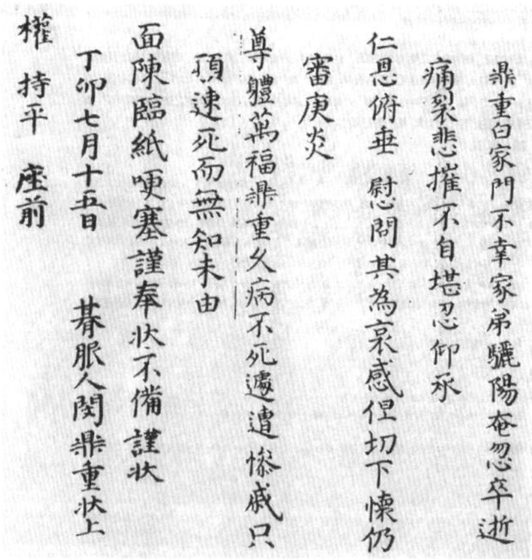

鼎重白家門不幸家弟驪陽奄忽卒逝
痛裂悲摧不自堪忍仰承
仁恩俯垂 慰問其為哀感但切下懷仍
審庚炎
尊體萬福鼎重久病不死遽遭 慘戚只
須速死而無知未由
面陳臨紙哽塞謹奉狀不備 謹狀
丁卯七月十五日 朞服人閔鼎重狀上
權 持平 座前

민정중의 편지
17세기경, 종이에 먹, 개인소장.
민정중이 동생인 민유중이 세상을 떠나 위문편지를 받자 그에 답신으로 보낸 것이다. 상을 당해 슬픔을 이루 말할 수 없다는 내용이다. 반듯한 필체가 특징이다.

37

집안에 소장된 옛 편지

곡운(谷雲)[1]의 편지는 진사부군(進士府君)[2]에게 보낸 것이다. 곡운은 당시 곡운산에 은거하고 있었는데, 편지에 "동주(東州)에서 형제가 만났네."[3]라는 구절이 있으니, 아마 문곡 상공(文谷相公)[4]이 양이(量移)[5]되었을 때인 듯하다. 근심이 사라진 뒤 몹시 즐거워하는 모습을 상상할 수 있다. 곡운은 본래 전서로 유명했지만 해서와 초서도 훌륭했다.

삼연(三淵)[6] 선생의 편지 4통은 몹시 고결하다. 편지에서 "아드님[7]이 지은 작품들을 보니 모두 훌륭하여 마치 신이 도운 것처럼 적절

---

1 김수증(金壽增, 1624~1701)을 말한다. 자는 연지(延之), 곡운(谷雲)은 그의 호이다. 1650년 생원시에 합격하고, 세마(洗馬)를 역임하였다. 젊어서부터 산수를 좋아하여 금강산 등을 유람한 뒤 기행문을 남겼다. 1675년(숙종 1)에 성천 부사로 있던 중, 동생 김수항이 송시열과 함께 유배되자 벼슬을 그만두고 은거하였다. 저서로《곡운집(谷雲集)》이 있다.

2 성해응의 고조부 성경(成璟, 1641~1712)을 가리킨다. 1666년 진사시에 합격하였다.

3 동주는 현재 강원도 철원 지역이다. 형제의 원문은 '영원(鴒原)'인데《시경》〈소아(小雅)·상체(常棣)〉의 "할미새가 언덕에서 호들갑 떨듯, 어려움이 있을 때는 형제가 돕는 법이라오.(鶺鴒在原, 兄弟急難)"에서 나온 말이다.

4 김수증의 동생 김수항(金壽恒, 1629~1689)이다. 자는 구지(久之), 문곡(文谷)은 그의 호이며, 시호는 문충(文忠)이다. 1651년 알성 문과에 장원 급제하였고, 1656년 문과 중시에 급제한 뒤 이조정랑·대사간 등을 역임하였다. 저서로《문곡집(文谷集)》이 있다.

5 멀리 귀양간 사람의 정상을 참작하여 조금 가까운 지방으로 옮겨 주는 것을 말한다.

6 김수항의 아들인 김창흡(金昌翕, 1653~1722)을 말한다. 자는 자익(子益), 삼연(三淵)은 그의 호이다. 1673년 진사시에 합격한 뒤 과거를 포기하였고, 여러 차례 관직에 추천되었으나 나아가지 않았다. 저서에《삼연집(三淵集)》이 있다.

하게 시어를 구사했으니, 청연(靑蓮, 이백[李白])이 둘이라도 부족할 것입니다."라고 하였다. 이것은 소헌공(嘯軒公)이 어렸을 때 지은 작품을 두고 말한 것으로 보이니, 삼연 선생은 이처럼 후배를 이끌어 주었던 것이다. 또 부쳐온 삼부연(三釜淵)[8]을 읊은 시들을 읽다 보면 불현듯 적성(赤城)[9]의 폭포가 떠오른다.

이사천(李槎川, 이병연)의 편지 한 통은 소헌공에게 보낸 것이다. 사천이 안산 현령으로 있을 때 소헌공이 통신사행을 따라 일본에 가게 되었는데, 이 편지는 통신사의 서기로 가는 소헌공을 권면한 것으로, 필체가 구애되지 않으면서 세속을 초월한 정취가 있는 듯하다.

---

7 원문은 '아융(阿戎)'인데 남의 아들을 칭찬해 부르는 말이다. 진(晉)나라의 왕융(王戎)이 어려서 매우 영특하였으니, 완적(阮籍)이 동료인 왕혼(王渾)의 집을 찾아갈 때마다 "그대와 이야기하는 것보다 아융과 대화하는 것이 낫다."라 하고는 해가 질 때까지 왕융과 노닐다 가곤 하였는데, 이때 왕혼은 15세로 완적보다 20년 연하였다고 한다. 《진서(晉書)》 권43, 〈왕융열전(王戎列傳)〉 참고.

8 강원도 철원군 갈말읍 신철원리에 있는 폭포이다.

9 전라도 순창의 옛 이름이다.

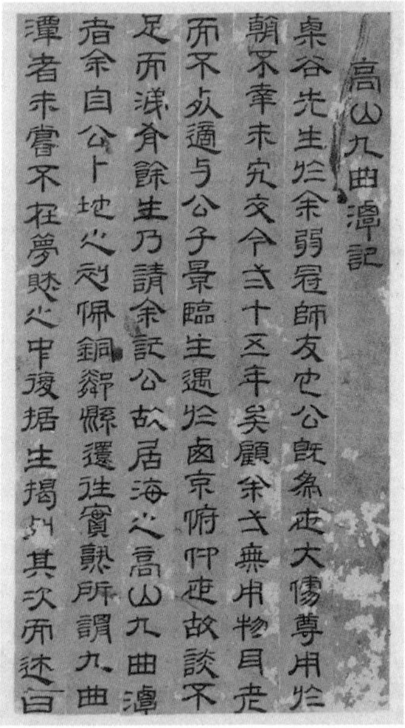
高山九曲潭記
臬谷先生於余弱冠師友也公既為世大儒尊用於
朝不幸未究交今廿五年矣顧余老無用物且老
而不死適與公子景臨生遇於南京俯仰世故談不
足而淺有餘生乃請余記公故居海之高山九曲潭
者余自公卜地之初佩銅綬縣還往實熟所謂九曲
潭者未嘗不在夢寐之中復据生揭以其次而述白

김수증의 글씨
17세기경, 종이에 먹, 31.5×20cm, 국립중앙박물관 소장. 김수증이 최립(崔岦)의 〈고산구곡담기(高山九曲潭記)〉를 예서로 옮겨쓴 것이다. 《육일첩(六一帖)》 4책에 수록되어 있다.

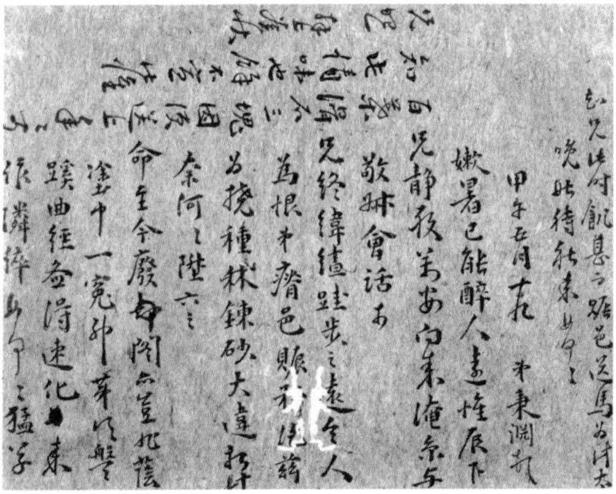

이병연의 편지
1714년, 종이에 먹, 25.8×40.8cm, 국립중앙박물관 소장.
처녑과 활석을 형에게 보내며, 가을에 방문하기를 청하는 내용이다. 성해응이 말한 편지는 아니나 자유로운 필치가 느껴진다.

또 다른 옛 편지

선원(仙源)[1] 선생의 필법은 본래 풍성하고 고아한데 이 첩은 매우 정교하고 기이하니 별도로 제작한 것이 분명하다. 선생은 평소 온후하고 모나지 않아 강화도에서의 절개[2]가 이처럼 우뚝 섰던 것이니 필법에서도 역시 알 수 있다.

청음(淸陰)[3] 선생의 편지 중 하나는 의주(義州)에 잡혀 있을 때 조카에게 보낸 것이다. 상주(尙州)의 임소에 있던 조카가 《정축록(丁丑錄)》을 간행하였는데, 선생은 꺼리고 피해야 할 내용이 많은 것을 염려하여 잘 감추어둘 것을 여러 번 명하셨다. 《정축록》은 지금 전하지 않으니, 어지러운 세상에서는 《정축록》에 대해 모르는 사람들이 많은데 알아낼 방법이 없기 때문이다.

또 하나는 심양(瀋陽) 관소에 계실 때의 편지이다. 편지에서 "북쪽 사립문을 벗어났다."라고 하셨으니, 인질로 한창 관소에 억류되어

---

1 김상용(金尙容, 1561~1637)을 말한다. 자는 경택(景擇), 선원(仙源)은 그의 호이며, 본관은 안동, 시호는 문충(文忠)이다. 이조판서·우의정 등을 역임하였다. 시와 글씨에 뛰어났는데, 특히 서체는 진(晉)의 왕희지·왕헌지 부자의 필법을 본받고, 전서는 중체(衆體)를 겸하였다.

2 김상용은 인조 때 병자호란이 일어나자 종묘를 모시고 강화도로 피난했으나 청군이 강화도를 함락하자 강화산성 남문루 위에서 화약을 쌓아놓고 불을 붙여 순국하였다.

3 김상용의 아우인 김상헌(金尙憲, 1570~1652)을 말한다. 자는 숙도(叔度), 청음(淸陰)은 그의 호이다. 대사헌·예조판서 등을 역임하였다. 1639년 청이 명을 공격하기 위해 요구한 출병에 반대하는 상소를 올렸다가 청에 압송되어 6년 후 풀려나 귀국하였다. 효종이 즉위해 북벌을 추진할 때 이념적 상징으로 '대로(大老)'라고 존경받았다.

있을 때이다. 《심양일기(瀋陽日記)》[4]에 의하면 계미년(1643) 4월 1일에 선생이 북관을 떠나 세자관 근처에 계셨다고 하는데, 이때가 바로 그 시기이다.

여러 필첩을 보니 모두 선생이 우환과 곤경에 처했을 때 쓰신 것임에도 문장이 평소처럼 편안하고 한가롭다. 집안일에 대해서도 자세히 물어보셨으니, 여기에서도 선생의 학문의 힘을 볼 수 있다.

정문익(鄭文翼)[5]이 쓴 필찰은 적막하게도 몇 마디에 불과하다. 자획은 투박해도 큰 법도가 있으니, 어찌 현란하고 기이함을 자랑하는 자와 학문의 길을 논할 수 있겠는가.

김퇴우당(金退憂堂)[6]은 필체가 대단히 힘 있고 단단하며 간간이 아름답고 소탈한 기운이 있다.

김문곡(金文谷, 김수항)의 필찰은 백 번 단련한 구리처럼 정밀하고 빼어나 공의 강직하여 흔들리지 않는 기상을 볼 수 있다.

이서하(李西河)[7]의 필찰은 필의의 수준이 높고 뛰어난데다 진실함이 여러 편지에 흘러 넘쳤다. 공의 덕업은 당시 으뜸으로, 비록 한

---

4 병자호란으로 소현세자(昭顯世子) 일행이 청의 심양에 볼모로 잡혀가 있을 때의 상황을 세자시강원에서 정리한 일기이다.

5 정광필(鄭光弼, 1462~1538)을 말한다. 자는 사훈(士勛), 호는 수부(守夫), 본관은 동래(東萊), 문익(文翼)은 그의 시호이다. 1492년(성종 23) 식년 문과에 급제하여 우의정, 좌의정, 영의정 등 요직을 두루 역임하였다.

6 김수흥(金壽興, 1626~1690)을 말한다. 자는 기지(起之), 퇴우당(退憂堂)은 그의 호이며, 본관은 안동이다. 도승지, 호조판서, 영의정 등을 역임하였다.

7 이민서(李敏敍, 1633~1688)를 말한다. 자는 이중(彝仲), 서하(西河)는 그의 호이며, 본관은 전주이다. 1652년(효종 3) 증광 문과에 급제한 뒤 대사간, 대제학, 이조 판서 등을 역임하였다. 문장과 글씨에 뛰어나 많은 시문을 남겼으며, 김수항·이단하·남구만과 친하였다. 저서에 《서하집(西河集)》 17권이 있다.

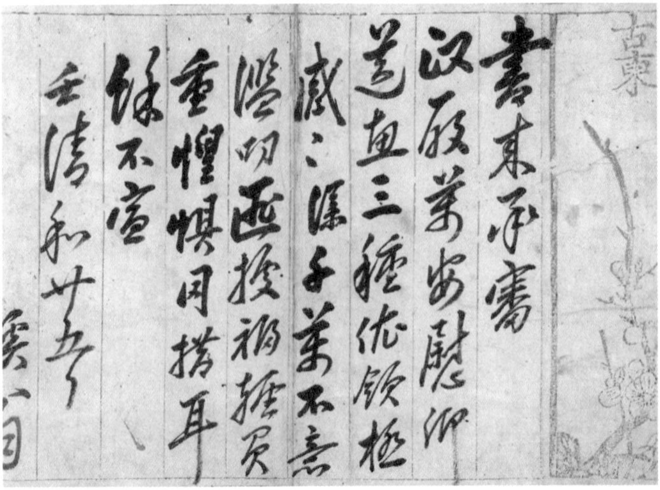

김상용의 편지

17세기경, 종이에 먹, 17.3×24.9cm, 국립중앙박물관 소장.

김상용이 보낸 편지로, 관직에 올라 "복은 얄팍한데 짐은 무거우니 황공하여 몸 둘 바를 모르겠다."라고 전하고 있다.

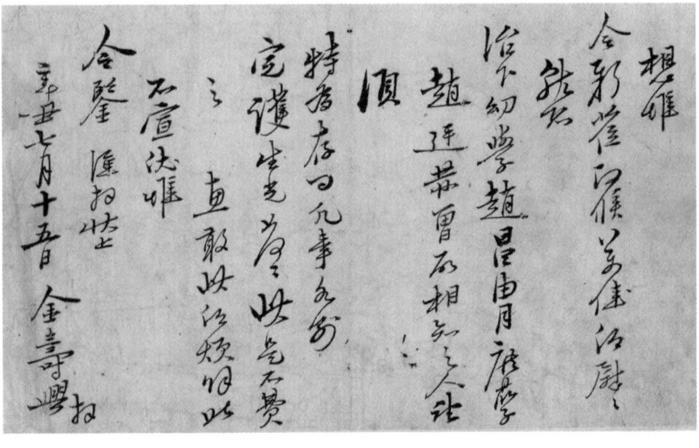

김수흥의 편지

1661년, 종이에 먹, 18×31cm, 국립중앙박물관 소장.

김수흥이 보낸 편지로, 힘 있고 단단한 서체를 확인할 수 있다.

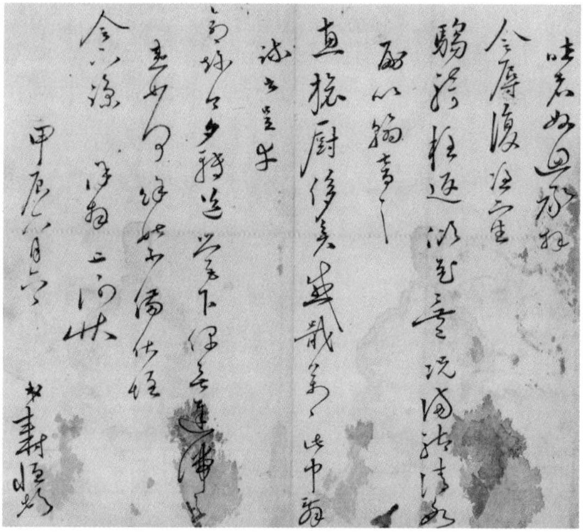

김수항의 편지

1664년, 종이에 먹, 23.7×28cm, 국립중앙박물관 소장.

김수항이 보낸 편지로, 전달받은 명을 지방 관청으로 전하기를 청하고 있다. 정밀하고 강직한 서체가 특징이다.

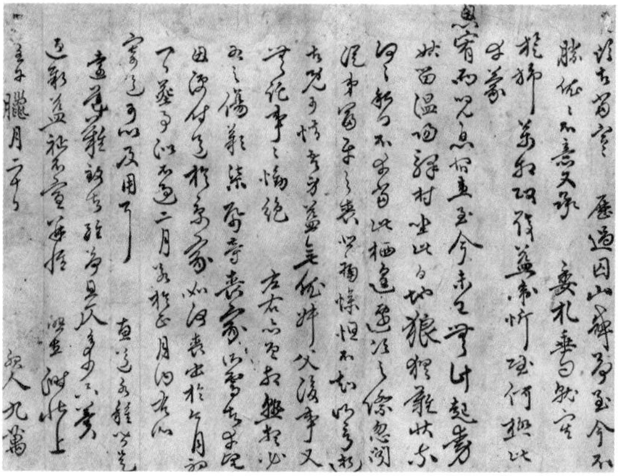

남구만의 편지

1672년, 종이에 먹, 30×47.5cm, 국립중앙박물관 소장.

남구만이 보낸 편지로, 안부 인사에 대한 고마움을 전하며 부평부사로 있는 사촌동생의 죽음을 애석해 하고 있다. 재상의 기운이 느껴지는 엄정한 필치가 특징이다.

때의 붓놀림이지만 또한 그 대략을 볼 수 있다.

남약천(南藥泉)[8]의 필찰은 처음부터 끝까지 분방한 필치가 전혀 없다. 전에 이백강(李白江)[9]이 시종토록 매우 엄정한 공의 초고를 보고 분명 훗날 재상이 될 것이라고 한 데는 이유가 있었다.

무민(武愍) 유혁연(柳赫然)[10]은 호방하고 글씨를 잘 썼으니, 지금 경조부(京兆府)의 편액은 바로 그가 쓴 것이다. 광화문 밖 여러 관청의 편액을 보다가 우뚝하여 정신이 번쩍 들었는데, 이 편지를 봐도 역시 그러하다.

무민은 시도 잘 지었다. 일찍이 〈영설(詠雪)〉시에

아침에 겨우 일어나 활을 당겨 앉으니,	朝來強起彈弓坐
여전히 그늘진 산에 사냥하려는 마음이 크구나.	尙有陰山大獵心

라는 구절이 있었으니 이처럼 웅장하고 호방했다. 우옹(송시열)이 화답한 시가 모두 그의 문집 속에 있다.

---

8 남구만(南九萬, 1629~1711)을 말한다. 자는 운로(雲路)·미재(美齋), 약천(藥泉)은 그의 호이며, 본관은 의령(宜寧)이다. 대사성, 형조판서, 영의정 등을 역임하였다. 문장과 서화에 뛰어났으며, 저서에 《약천집(藥泉集)》이 있다.

9 이경여(李敬輿, 1585~1657)를 말한다. 자는 직부(直夫), 백강(白江)은 그의 호이며, 본관은 전주이다. 병자호란 때 왕을 모시고 남한산성에 피란하였다. 1646년에 민회빈 강씨(愍懷嬪姜氏)의 사사를 반대하다가 진도에 유배되고 삼수에 위리안치(죄인이 달아나지 못하도록 가시로 울타리를 만들고 그 안에 죄인을 가둠)되었다. 시문과 글씨에 뛰어났으며, 저서에 《백강집(白江集)》이 있다.

10 유혁연(柳赫然, 1616~1680)은 자는 회이(晦爾), 호는 야당(野堂), 무민(武愍)은 그의 시호이다. 조선 중기 대표적인 무인으로, 우포도대장·공조판서 등을 역임하였다. 글씨와 죽화(竹畫)에 뛰어났다.

39

인조대왕 묵죽

김하서(金河西)[1] 선생이 세자궁에 있을 때 인조의 남다른 사랑을 받아 크게 쓰이려 했는데 얼마 지나지 않아 인조가 죽는 바람에 하서가 몹시 애통해 하였다. 후에 그를 부르는 조서가 내려도 그때마다 가지 않았다. 이 묵죽(먹으로 그린 대나무)은 인조가 하서에게 준 것으로, 하서의 집안에서 새겨 지금까지 전한다. 세월이 오래되어 흐릿해져서 해와 별처럼 영롱한 기운은 볼 수 없게 되었다.

묵죽 아래에 〈응제제예화묵죽 계묘(應製題睿畫墨竹 癸卯)〉라는 제목의 7언절구 한 수를 썼다.

뿌리와 가지, 마디와 잎 모두 정밀하니,	根枝節葉盡精微
금석처럼 단단한 우의 그 속에 담겨 있네.	石友精神在範圍
이제야 알겠네, 주상은 조화옹을 짝하였으니,	始覺聖神侔造化
천지와 일체가 되어 어긋날 수 없음을.	一團天地不能違

하서의 이 시를 보면 군신 간의 사이를 알 수 있다.

---

1 김인후(金麟厚, 1510~1560)를 말한다. 자는 후지(厚之), 하서(河西)는 그의 호이며, 본관은 울산이다. 1540년 별시 문과에 급제한 뒤 홍문관박사 겸 세자시강원설서·홍문관부수찬이 되어 세자를 보필하고 가르치는 직임을 맡았다. 1545년 인종이 죽고 을사사화가 일어나자, 병을 이유로 고향에 돌아가 성리학 연구에 전념하였다. 저서에 《하서집(河西集)》이 있다.

40

수운 유덕장의 묵죽

수운(峀雲) 유덕장(柳德章)[1]은 묵죽으로 이름이 났다. 그가 그린 족자를 눈 내린 곳에 걸어 두자 참새가 날아들었다고 하니, 그 그림이 얼마나 신묘했는지 알 수 있다. 그의 솜씨는 나이가 들수록 더욱 좋아졌으니, 우리 집에 있는 것은 모두 그가 일흔 이후에 그린 것이다. 강표암(姜豹菴)[2]은 "우리나라에서 그려진 대나무는 모두 갈대이지 대나무가 아니다."라고 하였는데, 수운의 그림도 가끔 이러한 경우가 있긴 하지만 그의 득의작은 전혀 그렇지 않다.

---

1 유덕장(柳德章, 1675~1756)은 자는 자고(子固)·성유(聖攸), 수운(峀雲)은 그의 호이며, 본관은 진주이다. 조선 중기의 이정(李霆)과 후기의 신위와 함께 조선시대 3대 묵죽 화가이다.

2 강세황(姜世晃, 1713~1791)을 말한다. 자는 광지(光之), 표암(豹菴)은 그의 호이며, 본관은 진주이다. 시서화 삼절로 일컬어졌으며, 높은 식견과 안목을 갖춘 사대부 화가로서 당시 화단에서 '예원의 총수'로 중추적인 구실을 하였다.

〈묵죽도〉
유덕장, 18세기경, 종이에 먹, 100×65.2cm, 고려대학교 박물관 소장.
그림을 나무에 걸어 놓으면 새가 날아들었다는 일화가 전할 만큼 신묘하다.

41

단원 김홍도의 그림

단원(檀園) 김홍도(金弘道)[1]는 요즘의 화가 중 거장이다. 처음에는 현재(玄齋) 심사정(沈師貞)에게 배웠고, 뒤에 또 겸재(謙齋) 정선(鄭敾)의 화법을 섭렵하여 사물을 그린 것이 더욱 신묘했다. 정종 신해년(1791)에 임금의 초상을 그린 공로로 연풍현감(延豐縣監)이 되었다. 이 화첩은 구룡연(九龍淵)의 한 구비를 그린 것[2]으로 매우 신이하면서도 웅장하다.

---

1 김홍도(金弘道, 1745~1806?)의 자는 사능(士能), 단원(檀園)은 그의 호이며, 본관은 김해이다. 조선 후기 대표적인 화가로, 연풍 현감에서 해임된 50세 이후 한국적 정서가 어려 있는 실경을 소재로 하는 진경산수를 즐겨 그리면서 '단원법'이라 불리는 독창적 화풍을 이룩하였다.

2 김홍도가 외금강의 최고 명승인 구룡폭포를 비단 화폭 위에 먹빛만으로 그린 것이다. 금강산의 주봉인 비로봉(毘盧峯)에서 발원한 물줄기가 동쪽으로 내려오면서 여덟 곳의 못, 즉 팔담을 이루며 120여 미터의 절벽 아래로 쏟아 부어 거대한 연못을 만들고 있으니 이것이 구룡연이다.

〈구룡연(九龍淵)〉
김홍도, 18세기경, 종이에 먹, 91.4×41cm, 간송미술관 소장.
외금강 최고 명승인 구룡폭포를 비단 화폭 위에 먹빛만으로 그린 것으로, 신이하면서도 우량한 느낌을 자아낸다.

사천 이병연이 쓴 소헌의 만시

사천 이병연 공은 소헌공(성몽량)과 우정이 매우 돈독하였다. 소헌공의 시는 기력이 웅장하고 굳세니, 사천은 늘 소헌공을 추앙하고 탄복하여 자신의 시에서 공의 시를 따라가기 어려움을 강조해 말하곤 하였다. 또 심지어 "공이 어찌 참으로 세상을 떠난 것이겠습니까. 시를 바라보면 여전히 경외심이 생깁니다."라고 하였으니, 선배들은 이렇게 아낌없이 서로 인정해주었다.

43

석파 김용행의 그림

김석파(金石坡)[1]는 진재(眞宰)[2]의 아들이다. 진재의 그림은 전통과 사승 관계에서 벗어나 스스로 자기의 의경(意境)을 펼쳤으니 곧 화가가 자신만의 화법을 확립한 것이다. 석파는 부친의 화법을 터득하고 게다가 기이한 것을 좋아하여 마음이 편치 않으면 그것이 그대로 그림에 나타났다.

이 화폭은 도연명이 한 그루 소나무를 어루만지는 그림을 모사한 것인데, 도리어 휘감듯 하면서 바람에 한들거리는 정취가 있다. 또 소나무를 그린 한 폭은 매우 울창하다. 석파는 홀로 고독하게 지내다 일찍 세상을 떠났다.

---

1 김용행(金龍行, 1753~1778)을 말한다. 자는 순필(舜弼), 석파(石坡)는 그의 호이며, 본관은 안동이다. 김창업의 서출인 선비화가 김윤겸(金允謙)의 둘째아들이다. 남공철(南公轍)의 〈김순필용행전(金舜弼龍行傳)〉에 의하면, 어려서부터 그림을 잘 그려 아버지가 직접 지도했으며, 성년이 되어서는 이덕무·유득공·박제가 등과 시문서화를 즐기며 각별히 교유했으나 26세에 요절했다고 한다.

2 김윤겸(金允謙, 1711~1775)을 말한다. 자는 극양(克讓), 진재는 그의 호이다. 정선의 진경산수화풍을 이어받아 강희언(姜熙彦), 김응환(金應煥) 등과 겸재파(謙齋派)를 형성하였다. 금강산 등 명승을 유람하면서 진경산수 제작에 몰두하였으며, 정선이나 겸재파 화가들의 경향에서 벗어나 독자적인 화풍을 갖추었다.

〈심매도(尋梅圖)〉

김용행, 18세기경, 종이에 먹, 28.6×41.5cm, 선문대학교 박물관 소장.

김용행은 진재(眞宰) 김윤겸(金允謙)의 아들로, 부친의 화법을 터득하였으며 기이한 것을 좋아하여 그림으로 표출하였다고 한다.

44

겸재 정선의 그림

겸재(謙齋)[1]의 그림은 기이하고 웅장하다. 두공부의 "원기가 넘쳐흘러 병풍이 오히려 젖은 듯하다.(元氣淋漓障猶濕.)"라는 시[2]는 겸재를 위해 쓴 것이라는 생각이 든다. 이 화폭의 그림은 큰 바람에 솔숲이 일렁이고 계곡의 시냇물이 세차게 흐르는 모양이다.

또 하나는 산골짜기에 장대비가 내려 숲속이 어두컴컴해지는데, 어떤 사람이 옷을 걷고 물을 건너려 하지만 마치 건너지 못할 듯이 주저하는 모습을 참으로 절묘하게 그렸다.

---

1 정선(鄭敾, 1676~1759)을 말한다. 자는 원백(元伯), 겸재는 그의 호이고, 본관은 광산(光山)이다. 어려서부터 그림을 잘 그렸다고 하며 첨지중추부사(僉知中樞府事)·가선대부지중추부사(嘉善大夫知中樞府事) 등을 역임하였다. 국내의 명승고적을 찾아다니면서 진경적인 사생화를 많이 그려 한국적 산수화풍을 세웠다. 작품에 〈여산초당도(廬山草堂圖)〉, 〈입암도(立巖圖)〉, 〈금강산만폭동도(金剛山萬瀑洞圖)〉 등이 있다.

2 두보의 〈봉선유소부신화산수장가(奉先劉少府新畫山水障歌)〉 중 "원기가 넘쳐흘러 병풍이 오히려 젖은 듯하니, 진재가 하늘에 올라가 호소하며 응당 울리라.(元氣淋漓障猶濕, 眞宰上訴天應泣.)"에서 온 말이다.

〈산수도(山水圖)〉
정선, 18세기경, 비단에 채색, 66.1×30.3cm,
국립중앙박물관 소장.

〈폭포를 바라보는 선비〉
정선, 18세기, 비단에 먹, 23.0×35.5cm. 국립중앙박물관 소장.

45

능호 이인상의 그림

능호 이인상의 그림은 신비로운 기운이 그림 밖으로 넘쳐흐르니, 화려하지만 물리지 않고, 빼어나지만 방자하지 않으며, 거칠지만 거만하지 않고, 뻣뻣하면서도 단조롭지 않다. 이 화폭의 명경대(明鏡臺)[1]와 구룡연은 모두 빼어난 격조가 있어, 보고 있으면 마치 산의 푸른 기운을 직접 밟고 있는 듯하고, 귀에는 소용돌이치는 물소리가 쟁쟁하다. 봉래산을 가까이 대하는 듯하다.

---

1 금강산의 명소 중 하나로, 장안사 북동쪽 백천동 골짜기에 큰 거울을 산에 세워놓은 것 같은 화강암 바위가 있고, 그 바위 밑 계곡물에 비치는 그림자가 거울을 연상시킨다고 하여 붙여진 이름이다.

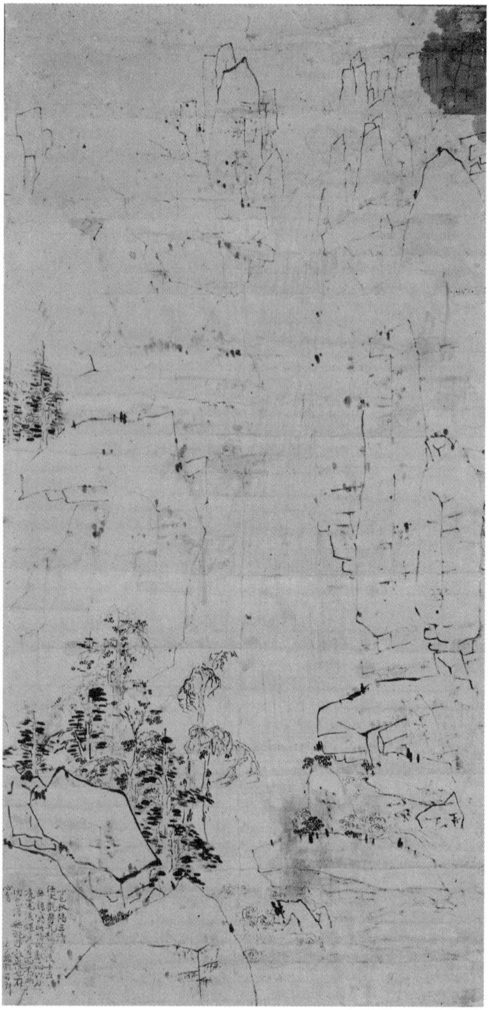

〈구룡연〉
이인상, 1752년, 종이에 채색, 118.2×58.5cm, 국립중앙박물관 소장.
산의 푸른 기운을 직접 밟고, 소용돌이치는 물소리가 귀에 쟁쟁하여 마치 봉래산이 가까이 있는 듯한 느낌을 자아낸다. 김홍도의 〈구룡연〉이 기이하고 웅장하다면, 이인상의 〈구룡연〉은 신비로운 기운이 넘쳐 흐른다.

46

허주 이징의 그림

이징(李澄, 1581~1653?)은 호가 허주(虛舟)이고, 선조 때 그림으로 으뜸이었다. 인재들이 배출되던 중흥의 시대였기에 서화가 비록 하찮은 재주이긴 하지만 이처럼 정교하고 뛰어났다.

이 그림은 고목(古木)에 겨울 참새가 눈 속에서 무리지어 모여 있는 모습을 그린 〈산거도(山居圖)〉이다. 맑고 차가운 기운이 고스란히 느껴진다.

47

호생관 최북의 그림 (1)

최북(崔北)[1]은 호가 호생관(毫生館)이고 여항 사람이다. 그림에 뛰어난 재주가 있었고 노년에는 솜씨가 더욱 정교해졌다. 기방(妓房)에서 놀기를 좋아했는데 기생들이 감히 그의 명을 어기지 못하고 항상 그를 위해 음악을 연주하였다.

이 그림은 〈관폭도(觀瀑圖)〉로, 맑고 서늘한 기운이 사람을 엄습하니 동분서주하는 속세에서[2] 볼 때 자신을 경계하는 뜻이 있다.

---

1 최북(崔北, 1712~1786)은 자는 성기(聖器)·유용(有用)·칠칠(七七), 호생관(毫生館)은 그의 호이며, 본관은 무주(茂朱)이다. 심한 술버릇과 기이한 행동으로 당시 '광생(狂生)'이라 일컬어졌다. 그가 평양이나 동래 등지로 그림을 팔러 가면 많은 사람들이 그림을 구하기 위해 모여들었다고 한다. 원말 사대가(元末四大家)의 한 사람인 황공망(黃公望)의 필법을 존중하였으며, 대표작으로 〈표훈사도(表訓寺圖)〉·〈한강조어도(漢江釣魚圖)〉·〈추경산수도(秋景山水圖)〉 등이 있다.

2 소식(蘇軾)의 〈박박주(薄薄酒)〉에서 "은거하여 뜻을 구함엔 의리를 따를 뿐, 동화문의 먼지나 북창의 바람은 아예 개의치 않네.(隱居求志義之從, 本不計較東華塵土北窗風.)"에서 인용한 것이다. 《소동파시집(蘇東坡詩集)》 권14 참고. 원문의 '동화(東華)'는 송나라 궁성의 동쪽 문 이름으로, 입조할 때 이 문을 이용했다.

〈수하관폭도(樹下觀瀑圖)〉
최북, 18세기경, 종이에 먹, 42.5×27.8cm, 국립광주박물관 소장.
심산유곡의 벼랑에서 떨어지는 폭포수를 완상하는 선비의 한적하고 초탈한 모습을 그린 그림이다.

단원 김홍도의 8폭 병풍

이것은 단원 화사(檀園畵師)의 〈화조도(花鳥圖)〉이다. 내가 생각하기에, 한 번에 붓을 휘두른 것으로 그다지 유념해서 그린 것은 아닌 듯하다. 그럼에도 빼어난 기운이 끊임없이 부드럽게 오르내리는 듯하니 참으로 훌륭한 작품이다. 화폭마다 모두 선친께서 직접 쓰신 글이 있으니, 자손 된 입장에서 귀하게 여기고 잘 간직해서 잃어버려서는 안 될 일이다.

〈화조도〉
김홍도, 18세기경, 종이에 채색, 26.7x31.6cm, 삼성미술관 Leeum 소장.

49

연담 김명국의 그림

연담(蓮潭)[1]의 이 그림은 귀신을 그린 것이다. 옛사람이 말하기를 "귀신을 그리기는 쉬워도 잘 그리는 사람을 볼 수 없다."라고 했는데, 이 그림을 보니 참으로 그러하다. 그러나 내가 생각하기에, 귀신을 그리는데 신비하고 기이한 기운이 없으면 잘 그렸다고 할 수 없다.

화폭 위에 다음과 같이 쓰여 있었다. "도가(道家)의 수많은 말이 황홀하여 훌륭한 말인 듯하네. 너를 보면 나는 취하게 되니 무엇이 정신을 흐리게 하는가."

누가 쓴 것인지 모르겠지만 역시 훌륭한 필체이다.

---

1 김명국(金鳴國, 1600~?)을 말한다. 자는 천여(天汝), 연담(蓮潭)은 그의 호이다. 도화서교수(圖畫署敎授)를 역임했으며, 산수와 인물을 잘 그렸다.

〈달마도(達磨圖)〉
김명국, 17세기경, 종이에 먹, 83×57cm, 국립중앙박물관 소장.
김명국은 통신사를 따라 1636년과 1643년에 두 차례 일본에 가 명성을 크게 떨쳤다. 일본인들이 그의 그림을 얻기 위해 사신을 보내기도 하였다고 한다.

〈사시팔경도 만춘(四時八景圖晩春)〉
김명국, 1662년, 비단에 금가루와 아교, 27.1x25.7cm, 국립중앙박물관 소장.
사계절의 경치를 여덟 경치로 나누어 담은 〈사시팔경도〉에는 전통적인 안견화풍이 잘 드러나 있다.

50

남양 홍가신 청난비

명나라 만력(萬曆, 1573~1620) 24년(1596)에 호서(湖西)의 역적 이몽학(李夢鶴)이 반란을 일으켜 여섯 고을을 함락시켰으나, 홍주(洪州)에 이르러 관군에게 토벌당해 죽었다. 이러한 공적을 기록하여 비를 세웠는데[1], 용주(龍洲) 조경(趙絅)이 내용을 짓고 원임형조정랑(原任刑曹正郞) 류시영(柳時英)이 글씨를 썼다.

필획이 매우 기품 있고 반듯하니 진나라 사람의 필법을 깊이 터득한 것이다. 그러나 류시영은 당시 글씨로 알려지지 않았기 때문에 사람들은 모두 그것을 대단치 않게 여겼다. 그런데 배와 김상숙 공이 비석 아래를 지나다가 기이하게 여겼기에, 내가 탑본해 와서 보았더니 정말 그러하였다.

---

1 당시 홍주 목사였던 홍가신(洪可臣, 1541~1615)이 이몽학의 난을 평정한 후, 그 공으로 청난공신(淸難功臣) 1등에 봉해졌으며 공적을 기리기 위해 비석이 세워졌다.

51

척주비

허미수(허목)가 삼척 부사로 재임하고 있을 때[1] 이 비문을 지었다. 문장이 참으로 고아하여 사마상여(司馬相如)[2]에게 배운 듯하고, 필체 또한 기이하고 독특하다. 처음에는 정라도(汀羅島)[3]에 비를 세웠었는데 풍랑에 휩쓸려 바다에 잠겼다. 미수가 다시 써서 죽관도(竹串島)[4]에 세웠다.

---

1 허목이 1662년(현종 3)에 삼척부사로 부임하고 있을 당시 조수(潮水)를 물리치기 위해 척주동해비(陟州東海碑)를 세웠다.

2 사마상여(司馬相如, 서기전 179~서기전 117)는 중국 전한의 문인이다. 저서로 《자허부(子虛賦)》 등이 있다.

3 바다에 작은 암초 몇 개가 줄지어 있는 모습을 이른다. 육향산에서 정라도까지 약 850미터다.

4 강원도 삼척시 동쪽 정상동에 있는 육향산(六香山)을 말한다. 삼척 읍지인 《진주지(眞珠誌)》에는 "예전에 죽관도라 했다."라고 기록되어 있다. 육향산은 죽관도의 육향대(六香臺)에서 유래하였다.

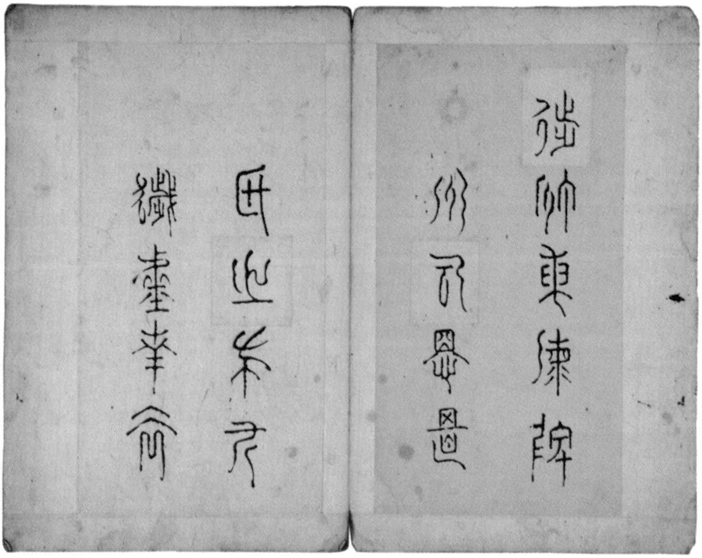

척주동해비의 원고

허목, 1661년, 종이에 먹, 50×32.7cm, 국립중앙박물관 소장.

허목이 1662년 삼척부사로 있을 때 조수를 물리치기 위해 세운 퇴조비(退潮碑)의 원본으로, 허목의 글씨 중 대표작이다. 문장이 고아하고 필체 또한 기이하고 독특하다.

영업의 글씨

영업(靈業)[1]은 신라의 승려이다. 이 비문은 신행선사(神行禪師)를 위해 쓴 것으로 당나라 원화(元和) 연간에 지리산에 세워졌다. 신행선사 역시 고승으로 신라시대에 당나라를 왕래하고 필체를 비로소 개발하였다. 영업의 필체는《성교서(聖教序)》[2]를 배운 것이지만 힘차면서 엄정한 것이 법도가 있어 청출어람(青出於藍)의 뛰어남이 있다고 할 만하다.

---

1 김생(金生)과 함께 신라 서예가의 쌍벽을 이룬 인물로 평가되고 있다. 당나라에 유학할 당시 크게 유행한 왕희지체를 거의 그대로 썼다. 〈집자성교서(集字聖教序)〉에 나타난 불균형을 정리함으로써 글자의 균형을 이룬 엄정한 품격은 영업의 글씨가 지니는 독자적인 경지이다.

2 '집자성교서'라고도 한다. 홍복사(弘福寺)의 승려 회인(懷仁)이 칙령에 의해 궁중에 비장(秘藏)된 왕희지의 법첩 중에서 집자한 것으로, 25년에 걸쳐 집대성하였다. 당 태종이 명승 현장삼장(玄奘三藏)의 신역불전(新譯佛典)이 완성된 것을 기념하여 지은《성교서》와 당시 황태자였던 고종이 그 경전 번역까지의 경과를 적은 술성기(述聖記)와 현장삼장이 번역한 반야심경(般若心經)이 함께 비문을 이루고 있다. 당대(唐代)의 모본이기는 하나 왕희지 행서의 진수를 파악하는 데 중요한 자료이다.

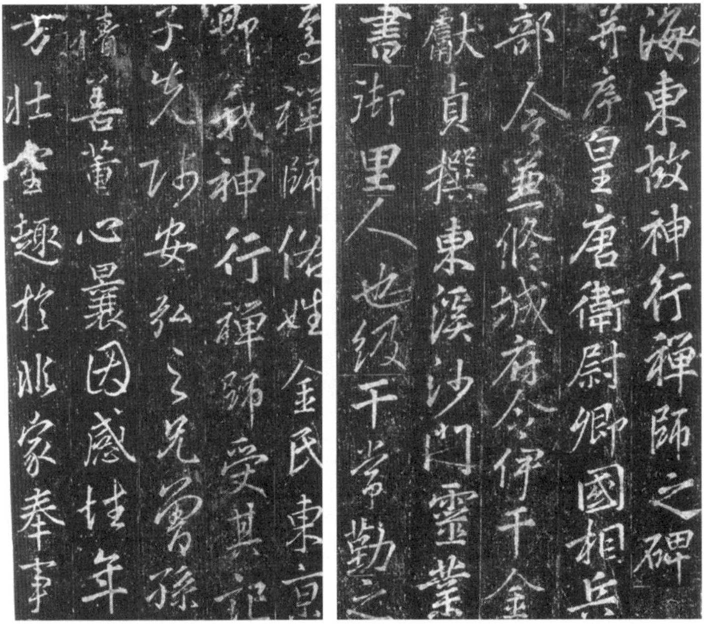

단속사(斷俗寺) 신행선사비의 탁본

경상남도 산청군 단성면 운리 단속사지에 있던 신라시대의 탑비 탁본이다. 813년 건립되었으나 비는 사라지고 탁본만 전한다. 비문은 김헌정이 짓고 영업이 글씨를 썼다.

53

탄연의 글씨

이 비는 춘천의 청평산(淸平山)에 있다. 희이자(希夷子) 이자현(李資玄)[1]이 은거했던 곳으로, 당나라 승려 영현(永玄)의 암자였는데 이자현이 중수하여 거처하였다. 그가 죽자, 김부철(金富轍)이 비문을 짓고 탄연(坦然)[2]이 글씨를 썼다. 필법은 비록 《성교서》에서 나왔지만 호탕한 운치가 있어 전혀 그 법도에 얽매이지 않았으니, 고려시대 비문들이 대부분 그 유파이다.

송나라 건염 4년(1130)에 비가 세워졌는데, 비문에 '건염(建炎)'을 '입염(立炎)'이라고 썼으니, 고려 태조의 이름을 꺼려서 피한 듯하다. 그러나 비문의 끝에 년도와 달을 쓸 때 다시 건염이라고 써서 한 비문 안에서 연호를 다르게 쓴 예이니, 매우 이상하다. 이 비문의 원본은 많이 긁히고 깎여 떨어지긴 했지만 그렇게 희미하지는 않다.

요사이 듣자니 비석의 글자가 더욱 망가져 탑본을 할 수 없다고

---

1 이자현(李資玄, 1061~1125)은 자는 진정(眞靖), 호는 식암(息庵)·희이자(希夷子), 본관은 인주(仁州)이다. 1089년(선종6) 과거에 급제하여 대악서승(大樂署丞)이 되었으나 관직을 버리고 춘천의 청평산에 들어가 아버지가 세웠던 보현원(普賢院)을 문수원(文殊院)이라 고치고, 이곳에서 생활하며 선(禪)을 즐겼다.

2 탄연(坦然, 1070~1159)은 호는 묵암(默庵)이다. 서예에 조예가 뛰어나 왕희지의 필체를 따랐는데, 춘천 청평사 문수원의 중수비와 예천군의 복룡사비, 삼각산 승가사중수비 등을 썼다. 서거정(徐居正)이 동국의 필법은 김생이 제일이고 요극일(姚克一)·탄연·영업이 다음 간다고 평할 만큼 글씨가 뛰어났다.

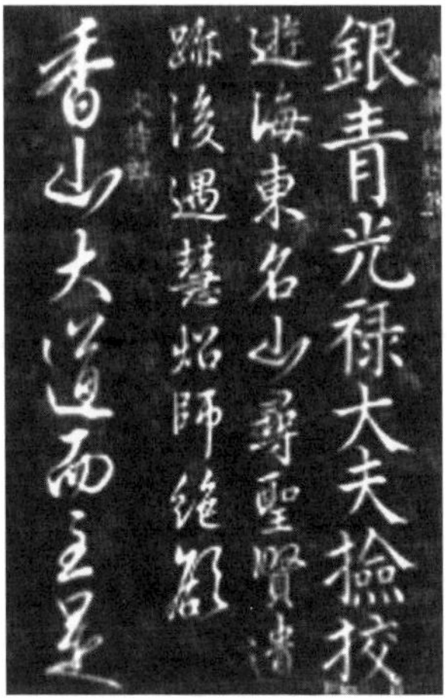

탄연의 글씨
12세기경, 국립중앙도서관 소장.

하는데, 다행히 나는 심하게 손상되기 전에 얻었다.

글씨도 좋지만 시는 더욱 훌륭하니, 탄연이 지은 〈토산문수암(兔山文殊菴)〉 시는 이러하다.

온 집안 왜 이리 고요한가,	一室何寥廓
많은 인연 모두 적막하여라.	萬緣俱寂寞
길은 바위 사이로 나 있고,	路穿石罅通
샘물은 바위틈에서 솟아나네.	泉秀雲根落
밝은 달이 추녀 끝에 걸렸고,	皓月挂簷楹
서늘한 바람이 숲 골짜기를 흔드네.	凉風動林壑
누가 저 스님 따라	誰從彼上人
고요히 앉아서 참된 즐거움 배울까.	淸坐學眞樂

54

대감국사비

지리산 단속사(斷俗寺)에 있는 대감국사비(大鑑國師碑)[1]는 금나라 대정(大定)[2] 12년(1172)에 세워졌다. 그 문장은 이지무(李之茂)가 지었는데, 글씨는 누가 썼는지 모르겠으나 승려 기준(機俊)[3]의 필적인 듯하다. 필세가 매우 섬세하고 법도가 있지만 약간 거칠고 자유로워 점차 고려 후기의 일종의 자유분방한 정취를 열어주었다.

---

1 1172년(명종 2) 대감국사 탄연을 기리기 위하여 수태보 문하시랑 평장사(隨太保門下侍郞平章事) 이지무가 글을 짓고 보현사(普賢寺) 주지 기준이 쓴 비석이다. 경남 산청군 단속사에 있었는데 망실되었고 조속(趙涑)의 《금석청완(金石淸玩)》에 탁본이 수록되어 있다.

2 금(金)나라 세종(世宗, 1161~1187)의 연호이다.

3 기준(機俊, ?~?)은 글씨를 잘 써서 1172년에 지리산 단속사의 대감국사비를 비롯하여 순천의 수성비(守城碑)를 썼고, 고흥 보현사의 주지를 지냈다.

단속사 대감국사비 탁본
경상남도 산청군 단성면 운리 단속사 터에 있던 대감국사 탄연의 비로, 1172년에 세워졌으며 현재 비는 없어지고 비의 탁본만 전한다. 일본 동양문고 소장.

55

혜진탑비

혜진(慧眞)은 속성(俗姓)이 김씨로 계림(鷄林, 신라) 하남(河南) 사람이다. 혜진탑비는 광주(廣州) 혜목산(慧目山) 고달원(高達院)에 있는데, 고려의 김정언(金廷彦)[1]이 비문을 짓고 장단열(張端說)[2]이 글씨를 쓴 것으로, 송나라 개보(開寶, 968~976) 8년(975)에 세워졌다.

장단열의 글씨는 아주 정밀하고 다부지지만 맑고 호탕한 뜻이 없어 끝내 거친 분위기를 벗어나지 못하였으니, 이런 점이 안타깝다. 돌이 단단하여 다른 비석에 비해 매우 온전해서 지금도 여전히 새로 새긴 것 같다.

---

1 김정언(金廷彦, ?~?)은 고려 광종(光宗) 때 한림학사 등을 역임하였으며, 그가 지은 금석문 3편이 전한다.

2 장단열(張端說, ?~?)은 고려 초 한림원박사(翰林院博士), 군부경(軍部卿) 등을 역임하였다. 구양순체(歐陽詢體)로 필명을 떨쳤으며, 구족달(具足達)·안민후(安民厚) 등과 함께 당대의 명필로 꼽혔다.

혜진탑비의 탁본

1930년대, 146.0x70.5cm, 국립중앙박물관 소장.

경기도 여주군 북내면 상교리 고달사 터에 있던 고려 초 원종대사 찬유(璨幽)의 비를 탁본한 것이다. 절단된 부분을 제외하고는 양호하여 글자 판독이 가능하다. 고려초 불교계의 동향 파악에 중요한 자료이다.

56

낭혜화상탑비

낭혜화상(朗慧和尙)은 신라의 승려이다. 낭혜화상탑에는 '백월보광(白月葆光)'이라고 쓰여 있다.[1] 보령(保寧)의 성주산(聖住山)에 있는데, 최고운(최치원)이 비문을 지었고 사촌동생 최인연(崔仁渷)[2]이 글씨를 썼다.[3] 최인언은 태자산 낭공대사 서운탑비(太子山朗空大師棲雲塔碑)를 지은 자로, 필법이 몹시 단아하고 뛰어나서 당나라 비체(碑體)를 터득한 것으로 보인다. 비문이 몇백 년이 지나도록 비바람에 깎이거나 침식되지 않았는데, 아마도 산골짜기에 버려져 탑본하는 자들이 거의 오지 않았기 때문에 적게 훼손되어 깨끗하고 온전할 수 있었던

---

1 낭혜화상은 신라 무열왕의 8대손으로 801년(애장왕 2)에 태어나 열세 살이 되던 해에 출가, 821년(헌덕왕 13)에 당나라로 유학하여 수도를 통해 깨달음을 얻고, 845년(문성왕 7)에 귀국하여 당시 웅천(지금의 보령)에 있던 오합사(烏合寺)의 주지가 되었다. 이 절에서 선(禪)을 널리 알리고 점점 크게 변성하게 되자, 왕이 '성주사(聖住寺)'라는 절의 이름을 내려주었다. 888년(진성여왕 2)에 89세로 이 절에서 입적하니, 왕은 낭혜라는 시호를 내리고, 탑의 이름을 '백월보광(白月葆光)'이라고 불렀다.

2 최언위(崔彦撝, 868~944)를 말한다. 초명은 신지(愼之)·인연(仁渷), 본관은 경주, 시호는 문영(文英)이다. 고려에 귀순한 후 최언위로 개명하였으며, 최치원의 사촌동생이다. 885년(헌강왕 11) 당나라에 유학하여 문과에 급제하였고, 909년(효공왕 13) 귀국한 뒤 집사성시랑 서서원학사(執事省侍郎瑞書院學士)를 지냈다.

3 낭혜화상탑비는 통일신라시대의 승려 낭혜화상 무염(無染)의 탑비로 귀부의 거북머리가 일부 손상되었으나 비신과 이수는 온전한 상태이다. 전체 높이가 4.55m로 규모가 거대하고 조각 수법이 뛰어나다. 비문에는 낭혜화상의 행적이 모두 5,000여 자에 달하는 장문으로 적혀 있는데, 최치원이 지은 사산비명(四山碑銘)의 하나로 유명한 이 비문은 신라의 골품과 고어(古語)를 연구하는 자료로 귀중하다.

듯하다.

비석에는 최고운에 대해 "회남(淮南)에서 본국으로 들어와 편지와 조서 등을 보낸 사신인 전 동면도통순관 승무랑 시어사 내공봉 사자금어대 신 최치원 봉교찬(前東面都統巡官承務郎侍御史內供奉賜紫金魚袋臣崔致遠奉教撰)"이라고 쓰여 있으니, 신라의 관직 제도를 알 수 있다. 이것은 고사(故事)에 해박한 장고가(掌故家)들이 자세히 살피고 검토해야 한다.

낭혜화상탑비
충남 보령시 성주면 성주사지에 있다. 통일신라시대 승려 낭혜화상 무염(無染)의 탑비이다. 비문에는 낭혜화상의 행적이 5,000여 자의 장문으로 적혀 있다. 최치원이 지은 사산비명(四山碑銘)의 하나로 유명하다.

고려의 옛 비

송도(松都) 사람이 우거진 가시덤불 속에서 이 탑의 비문을 찾아냈다. 비문에는 "보살계(菩薩戒)[1]를 받은 제자인 평장사(平章事) 강감찬(姜邯瓚)이 나라가 영원히 태평하고 국내가 늘 안정되기를 빌기 위해 공경히 이 탑을 만들어 길이 공양을 드린다. 때는 천희(天禧, 1017~1021) 5년(1021) 5월이다."라고 새겨져 있었다. 강감찬이 거란을 꺾고 호탕한 기개가 충만할 때였으니 어찌 부처에게 아첨한 것이겠는가. 이 비문을 만든 자는 불법의 성대함을 알았을 것이다. 그가 속세에서 이룬 것이 용맹하고 뛰어나긴 하지만 습속을 초탈하지 못했으니 더욱 개탄스럽다.

《고려사》에서는 강공의 이름을 감찬(邯贊)이라고 했는데, 여기에는 감찬(邯瓚)으로 되어 있으니 역사서가 잘못된 것인가? 아니면 후인들이 획을 덧붙여 어지럽힌 것인가?

1 불교의 계(戒)에 비구계(比丘戒)와 보살계가 있는데, 전자는 승려가 지켜야 하는 계이며, 후자는 재가(在家) 신도가 지키는 계이다.

58

이인문의 그림

이인문(李寅文)[1]의 호는 고송유수관도인(古松流水觀道人)이다. 도화서(圖畵署) 소속이었으나 궁중화는 그다지 익히지 않고 산수 그리기를 좋아하여 김홍도와 명성이 나란하였다. 그러나 홀로 세상에 아첨하지 않아 끝내 굶주리고 추위에 떨다 죽었다.

이 그림은 산속의 겨울 풍경을 그린 것으로 눈이 바위와 벼랑에 쌓여 있고, 나뭇가지가 뒤엉켜 있는 초가집이 쓸쓸하니, 그림을 볼 때마다 왕휘지가 섬계(剡溪)로 배를 저어가는 모습[2]이 떠오른다.

---

1 이인문(李寅文, 1745~1821)은 자는 문욱(文郁), 호는 유춘(有春)·고송유수관도인(古松流水觀道人)·자연옹(紫煙翁), 본관은 해주(海州)이다. 도화서 화원으로 첨절제사(僉節制使)를 지냈다. 김홍도와 동갑으로 가깝게 지냈으며, 강세황·남공철(南公轍)·박제가(朴齊家)·신위 등 문인 화가들과도 친하였다. 산수, 포도, 영모(翎毛), 도석 인물(道釋人物) 등 다방면에 걸쳐 뛰어난 재능을 발휘하였다.

2 진나라 왕휘지가 폭설이 내린 밤에 술을 마시며 좌사(左思)의 시 〈초은(招隱)〉을 읊다가 갑자기 섬계에 있는 친구 대규(戴逵)가 생각나 산음(山陰)에서 밤새 배를 저어 그 집 앞까지 갔다가 돌아왔다는 고사가 있다.

〈지두산수화(指頭山水圖)〉
이인문, 19세기경, 종이에 채색, 98.5×53.9cm, 국립중앙박물관 소장.
성해응이 언급한 겨울 풍경이 아닌 여름 풍경이나, 바위산의 풍경이 돋보인다.

59

겸가당아집도

겸가당(蒹葭堂)은 일본 낭화강(浪華江, 오사카 근처 나니와 강) 근처에 있는, 목홍공의 거처이다. 목홍공은 책 모으는 것을 좋아하였고 승려 축상 등과 어울려 겸가당에서 고상한 모임을 가졌다. 당시 사신의 임무를 맡아 일본에 가신 선친께 목홍공이 〈겸가당아집도(蒹葭堂雅集圖)〉를 주었으니, 다른 나라까지 고상한 모임을 넓히고자 한 것이다.

겸가당은 맑고 깨끗하며 꽃나무로 화사한 집이다. 갈대 사이로 돛단배가 지나가는 것이 보이니 한적하여 바라볼 만하다. 크게는 황대치(黃大癡)[1]의 은일(隱逸)의 뜻이 담겨 있는 듯하다. 축상이 후서(後序)를 썼는데 이 또한 고상하여 읽을 만하다.

---

1 황공망(黃公望, 1269~1354)을 말한다. 자는 자구(子久), 호는 대치도인(大痴道人)·일봉(一峰)·정서노인(井西老人), 상숙(常熟) 출신이다. 강남 지방에 은거하면서 그곳 풍경을 화제로 삼아 산수화를 그렸다. 처음에는 조맹부에게 사사했지만, 동원(董源)과 거연(巨然)에게도 배웠고, 미불과 고극공(高克恭)의 화법도 받아들여 필묵을 휘어잡고 웅대한 자연의 골격을 적확하게 표현했다. 왕몽(王蒙)·예찬(倪瓚)·오진(吳鎭)과 함께 원말 사대가(四大家)로 꼽힌다. 작품에 〈부춘산거도권(富春山居圖卷)〉 등이 있다.

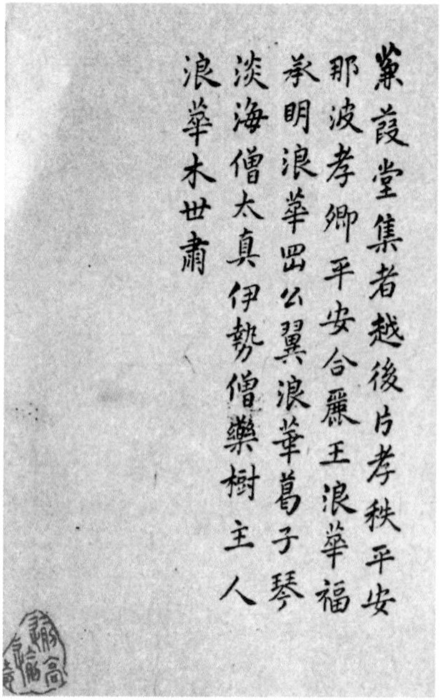
蒹葭堂集者越後片孝秩平安
那波孝卿平安合麗王浪華福
承明浪華罡公翼浪華葛子琴
淡海僧太真伊勢僧樂樹主人
浪華木世肅

〈겸가당아집도〉
기무라 겐카도, 18세기경, 종이에 먹과 채색, 부분 그림, 국립중앙박물관 소장.

60

준풍

내가 청주(淸州)에 들른 적이 있는데, 읍성(邑城)에 높이가 7, 8장(丈) 정도 되는 쇠로 만든 돛대에 '준풍(峻豊)'이란 두 글자가 새겨져 있었다. 이전 시대의 주현(州縣)에서는 구리나 돌로 돛대 모양을 만들어 땅기운을 눌러주기도 했으니, 두공부의 〈석서행(石犀行)〉과 비슷하다. 다만 '준풍'이란 두 글자가 자세하지 않으니, 어쩌면 청주의 옛 이름인데 역사서에서 빠뜨린 것이 아닌가 한다.

〈석서행〉에 아래와 같은 구절이 있으니, 황당무계한 말을 타파할 수 있는 논의다.

예로부터 염승법(厭勝法)[1]이 있다 하지만,	自古雖有厭勝法
하늘이 낸 강물 줄기 동쪽으로 흐르는 걸.	天生江水向東流

1 어떤 사람이나 물건을 대상으로 저주를 행함으로써 이를 제압하여 승리를 거두는 것을 말한다. 진(晉)나라 상거(常璩)가 지은 《화양국지(華陽國志)》 〈촉지(蜀志)〉에 "진(秦) 효문왕(孝文王)이 이빙(李冰)을 촉 땅의 태수로 임명하자, 이빙이 석서(石犀) 다섯 마리를 만들어서 물귀신을 제압하였다."라는 구절이 있다.

61

인각사 비문

인각사(麟角寺)는 의흥(義興, 경북 군위)의 화산동(華山洞)에 있는데, 세상에서는 기린의 뿔이 벽에 걸려 있기 때문에 그렇게 이름을 붙인 것이라고 전한다.

이 절에는 민지(閔漬)가 지은 승보각비명(僧普覺碑銘)이 있으니 《성교서》에서 나온 글자체를 모방해서 만들었지만 예리하면서 힘찬 것은 《성교서》보다 훨씬 낫다. 매번 중원(中原)에서 탑본한 《성교서》를 볼 때마다 여러 차례 베껴 옮기면서 선본(善本)이 거의 사라져 안타까웠다.

회인(懷仁)이 모각한 것은 이미 왕우군의 옛 법도를 잃어버렸는데, 하물며 쌍구(雙鉤)[1]가 어지러워 회인의 진본을 잃어버렸으니 더 말할 것이 있겠는가. 다만 이 인각비는 곧바로 회인을 연구하여 정교함으로 쌍구의 어지러움을 덮어버렸으니 진실로 보배로 여길 만하다. 다만 비석의 글자가 깨져 지금은 다시 탑본할 수 없으니 안타까울 뿐이다.

1 필적을 모사(模寫)하는 방법으로, 점획(點畫)의 가장자리를 돌려가며 선을 그리고 속은 비게 베끼는 것이다.

인각비(왼쪽)와 탁본(오른쪽)
경상북도 군위군 인각사에 있는 일연(一然)의 묘탑비와 그것을 탁본한 탁본집이다. 비신(碑身)이 파손되긴 했으나, 다행히 옛 탁본이 남아있어 전문을 알 수 있다. 민지가 비문을 짓고, 문인 죽허(竹虛)가 왕희지의 글씨를 집자(集字)하여 1295년에 세웠다.

김생의 필적

김생(金生)[1]이 전에 이태백(李太白)의 "햇빛은 향로봉 비추어 붉은 놀 생기는데(日照香爐生紫烟)."[2]라는 시를 베껴 쓴 적이 있는데, 웅장하고 시원한 필치가 백월비(白月碑)에 쓴 치밀함과는 달랐다.

김생은 신라 사람이며 경운 2년(711)에 태어나 불도를 수행하며 충주의 북진사(北津寺)에서 지냈다. 나이 80세에도 오히려 붓을 잡고 글씨 쓰는 것을 쉬지 않았으니, 그 필법은 여러 차례 송나라와 원나라 명사들의 감탄을 자아내게 하였다. 절은 지금 폐허가 되었지만, 그의 고향에서는 아직도 그곳을 김생면(金生面)이라 부른다.

---

1 김생(金生, 711~791)은 자는 지서(知瑞), 별명은 구(玖)이다. 예서·행서·초서에 능하여 '해동(海東)의 서성(書聖)'이라 불렸고, 송나라에서도 왕희지를 능가하는 명필로 이름났다.

2 이백(李白)의 〈망려산폭포(望廬山瀑布)〉의 기구(起句)이다. 원시는 다음과 같다. "햇빛은 향로봉 비추어 붉은 놀 생기는데, 멀리 보니 폭포는 전천이 거꾸로 걸린 듯하네. 삼천 척 높이를 곧장 쏜 살같이 내리쏟아라, 아마도 은하수가 하늘에서 떨어진 게 아닐까.(日照香爐生紫煙, 遙看瀑布挂前川. 飛流直下三千尺, 疑是銀河落九天.)"

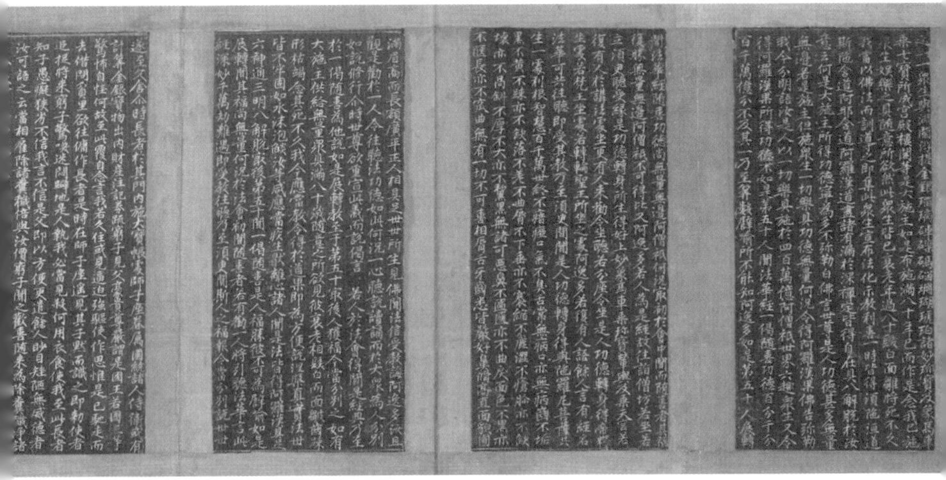

김생의 글씨

8세기경, 24.8×13.1cm, 국립중앙박물관 소장.

63

충정공의 묵적

이 세 폭은 충정공(忠貞公)[1]이 당나라 시인의 절구를 베껴 쓴 것이다. 공의 필법은 조문민에게서 나왔는데, 필획이 난초 잎과 대나무 줄기처럼 부드럽고 아름다우며 빼어난 기운은 생기발랄하여 막을 수 없을 듯하였다.

이 폭은 분방한 필치가 더욱 신묘하다. 공은 본래 청백리로 이름이 났는데, 필치는 이처럼 웅장하고 화려하니 자못 송광평(宋廣平)이 매화를 읊은 것[2]과 같다.

---

1 미상이다.

2 송광평은 광평군공(廣平郡公)의 봉호(封號)를 받은 당나라 문장가 송경(宋璟, 663~737)을 말한다. 매화를 읊은 그의 〈광평부(廣平賦)〉는 당시 '말이 통창하고도 풍부하고 화려하다.(清便艶麗.)'는 평을 받았다.

64

오정 이의병의 필첩

오정(梧亭) 이의병(李宜炳)[1] 공은 필체가 기품이 높고 바르며 필법을 엄격하게 지켰으나 필의가 매우 여유로웠다. 나는 공이 쓴 해서 한 폭과 초서 두 폭을 얻었는데, 해서는 치밀하고 초서는 유연하니, 필법과 오묘함이 모두 훌륭하였다.

요즈음 필체는 가볍고 천박해서 그저 멋만 내려 하니, 이를테면 오정의 필체 같은 것을 모범으로 삼아 따라 쓰려고 하지 않는다. 그래서 점차 이런 작품이 사라져 고가(故家)의 서궤(書櫃)에서나 볼 수 있다.

---

1 이의병(李宜炳, 1683~?)은 자는 문중(文仲), 오정(梧亭)은 그의 호이고, 본관은 용인이다. 숙종 때 적성 현감을 지냈으며, 글씨를 잘 써서 이름이 높았다.

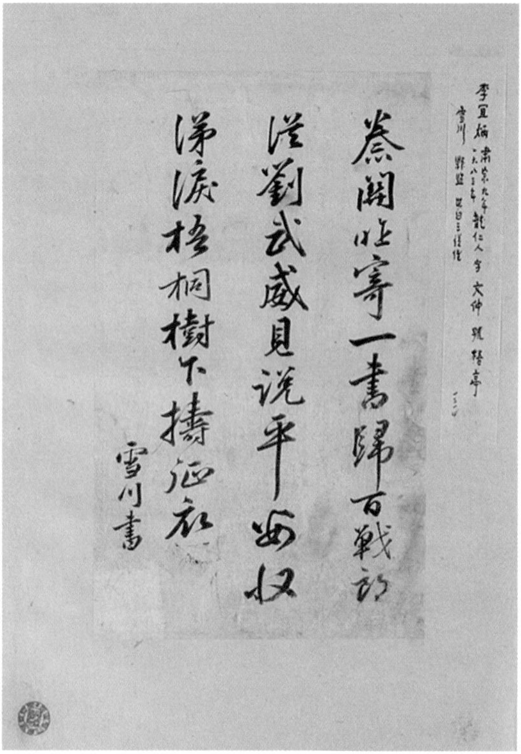

이의병의 글씨
17세기경, 종이에 먹, 19×31.4cm, 성균관대학교 박물관 소장.
필체가 아정하며 필법을 엄격하게 지켜 쓴 시이다. 초서는 단아하고 유연하다는 평을 받는다.

65

경산 이한진이 쓴 〈침병소기〉

예전에 선친께서 설성(雪城) 관아에 계실 때[1] 〈침병소기(寢屛小記)〉[2]를 지으셨다. 당시 연세가 경산 이한진 공과 동갑으로 73세이셨다. 경산공이 이 기문을 썼는데 필획이 힘차고 바른 것이 쇠사슬 같았다.[3] 공의 소전은 나이가 들수록 더욱 정제되었고, 또 내게 써준 두 공부의 〈추흥(秋興)〉 8수는 벌써 병풍을 만들어 종이에 보풀이 생겼지만 필획은 살아 있어 전혀 손상되지 않았으니 볼수록 기이하다.

---

1 설성(雪城)은 충북 음성 지역이다. 1803년 가을에 성해응이 음성현감에 부임하자 부친인 성대중이 임소로 따라갔을 때를 말한다.

2 성대중의 《청성집(靑城集)》 권7에 〈침거소기(寢居小記)〉라는 제목의 작품이 전한다.

3 당나라 문인 한유는 〈석고가(石鼓歌)〉에서 석고문의 글씨에 대해 "금줄 쇠사슬 얽어맨 듯 힘차고, 옛 솥에 끓는 물인 듯 용으로 변해 날아간 베틀 북인 듯.(金繩鐵索鎖紐壯, 古鼎躍水龍騰梭.)"라고 하였다. 《한창려집(韓昌黎集)》 권5 참고.

무목 악비의 필적

무목(武穆)[1]의 필적이 우리나라에 전해져 영남의 어느 현에 새겨져 있는데, 마치 그 사람처럼 기백이 있고 뛰어나다. 그의 충의 또한 경외심을 더하게 하니 옷깃을 여미고 일어나 절을 하고 싶을 정도이다.

반면 채경(蔡京)[2]의 필적은 솜씨가 없지 않은데도 아무도 귀하게 여기지 않으니, 이는 그의 품행이 형편없었기 때문이다. 선비가 자신의 행실을 어떻게 단속해야 하는지 알 수 있다.

장익덕(張翼德)[3]도 글씨를 잘 썼는데 설마 그가 붓을 잡고 일부러

1 악비(岳飛, 1103~1141)를 말한다. 북송이 멸망할 무렵 의용군에 참전하여 전공을 쌓았으며, 남송 때 호북(湖北) 일대를 영유하는 대군벌(大軍閥)이 되었으나 무능한 고종과 재상 진회(秦檜)에 의해 살해되었다.

2 채경(蔡京, 1047~1126)은 자는 원장(元長)이며, 복건성 선유현(仙游縣) 출신이다. 사람됨이 흉악하고 간사하며 변덕스러웠고, 4차례나 국정을 집권하였다. 금나라와 동맹하여 숙적 요(遼)를 멸망시킨 것은 공적이지만, 휘종에게 아첨하여 사치를 권하고 재정을 궁핍에 몰아넣어 민심의 이반을 초래하였다.

3 장비(張飛, ?~221)를 말한다. 자는 익덕(益德)인데 보통 익덕(翼德)이라 쓴다. 삼국시대 촉나라 탁군(涿郡) 출신이다. 관우의 원수를 갚기 위해 오나라를 칠 준비를 하다가 부하에게 살해되었다. 《삼국지》에 의하면, 218년(건안 23) 가을에 유비와 조조가 한중(漢中)을 사이에 두고 대적할 때 조조의 부하 장합이 군사 3만 명을 이끌고 공격하니, 장비가 1만 명을 이끌고 이를 물리쳤다. 장합은 대패하여 도망치기 바빴으며, 장비는 승리를 기뻐하며 돌에다 '한의 장군 장비가 1만 명의 정예 군사를 이끌고 적장 장합을 크게 물리쳤다.(漢將軍飛, 率精卒萬人, 大破賊首張郃.)'는 내용의 22자를 썼다고 한다. 섬서성(陝西省) 기산현(岐山縣) 박물관에 있는데, 필체가 강건하면서도 질박하다고 알려져 있다.

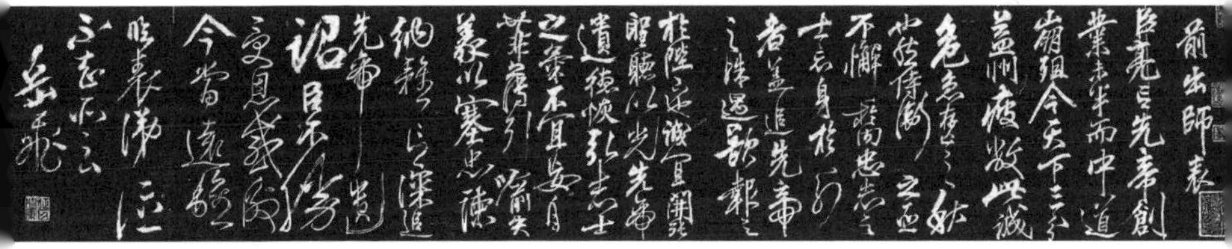

〈전출사표(前出師表)〉
악비, 12세기경.
필체가 기백이 있으면서 뛰어나다.

기교를 부렸겠는가. 후세에 한 분야에서 이름이 난 사람은 특히 재기(材氣)가 남보다 뛰어나다. 그렇기 때문에 비록 어수선한 전쟁통에 한 번 휘두른 것이지만 이처럼 신묘한 경지에 이를 수 있었던 것이다. 무목 역시 장익덕과 같은 부류의 사람이다.

67

종요의 묵적

우리 집에 있는 원상(元常)[1]의 필적은 처음과 끝이 모두 훼손되었다. 글에서 "서황(徐晃)[2]과 군사를 병합하여 맹렬히 쳐들어가 번성(樊城)의 안팎에서 함께 진격했다."라고 하였다. 또 "적장 관우(關羽)는 이미 활과 칼을 맞았다."고 했는데, 이것은 《하첩표(賀捷表)》[3]의 남아 있는 부분이다. 그러나 관우는 손권(孫權)에게 사로잡혀 참수되었으니,[4] 원상은 어째서 남의 공을 빼앗은 것인가. 필체가 반듯하고 가늘지만 힘이 있어 약간 팔분체의 느낌이 나긴 하는데 《선시표(宣示表)》나 《묘전병사첩(墓田丙舍帖)》과는 많이 다르다.

---

1 종요(鍾繇, 151~230)를 말한다. 후한(後漢)에서 벼슬하여 상서복야(尙書僕射)에 올랐으나, 조조와 제휴하여 위나라 건국 후에는 조조 이후로 3대를 섬겨 중용되었다. 팔분·해서·행서에 뛰어나 호소(胡昭)와 더불어 '호비종수(胡肥鍾瘦)'라 일컬어졌다. 왕희지가 특히 그의 글씨를 존경했다고 하며, 《선시표》·《묘전병사첩》·《천계직표(薦季直表)》 등이 법첩에 수록되어 전해온다.

2 서황(徐晃, 169~227)은 자는 공명(公明)으로, 하동(河東) 양현(楊縣) 출신이다. 이각(李傕)과 곽사(郭汜)의 무리가 어가를 낙양(洛陽)으로 옮길 때, 양봉(楊奉)의 수하로 나타나 용맹을 떨쳤다. 이를 본 조조가 그를 부하로 삼았다. 형주(荊州) 정벌에서 황건적을 토벌하였고 한진(漢津)에서 관우를 격파하고 강릉(江陵)에서 주유(周瑜)와 싸워 승리하였다.

3 조조가 관우와의 번성(樊城) 전투에서 승리한 것을 축하하기 위해 위나라 중신이었던 종요가 작성한 작품이다. 서예사에서 해서의 시조로 평가받는 중요한 글이다. 당시 예서체가 일반적으로 사용되었는데, 종요는 독특하게도 해서체를 많이 써서 이를 완성했다.

4 관우는 춘추전국시대 초나라의 도읍이자 삼국시대 촉의 동쪽 관문이었던 형주에서 조조와 손권의 협공을 받아 패하였고, 손권에게 사로잡혀 큰아들 관평(關平)과 함께 참수되었다고 한다. 그의 머리가 조조에게 전해졌고, 조조는 장수의 예를 갖추어 낙양에 안장해주었다.

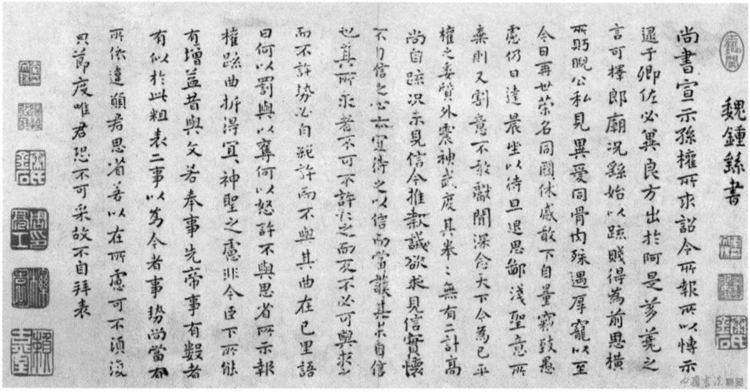

《선시표(宣示表)》
종요의 해서로 왕희지에 의해 모사된 것이 전하며, 《순화각첩》에 수록되어 있다.

왕씨의 진적

나는 젊어서 지계(芝溪) 송공(宋公)[1]과 어울릴 때 당나라 왕방경(王方慶)[2]이 올린 왕씨(王氏)들의 진적(眞蹟)을 본 적이 있다. 왕우군을 비롯해 왕씨 문중 사람들의 글씨가 모두 수록되었으니, 바로 문징명(文徵明)의 《정운관첩(停雲館帖)》[3]의 잔권(殘卷)이다. 왕씨들의 진적에 있는 왕우군의 필법은 매우 질박하여 《계첩(稧帖)》[4]이나 《순화각첩》 등의 글씨와는 같지 않다.

왕방경은 곧 낭야(瑯琊)[5]에 사는 왕손가의 후예이다. 집안에 귀한

---

1 송재도(宋載道, 1795~?)를 말한다. 자는 덕문(德文)이며, 지계(芝溪)는 그의 호이다. 성해응의 부친 성대중과 절친했기 때문에 성해응 역시 어려서부터 그와 교유하였다.

2 왕침(王綝, ?~702)을 말한다. 방경(方慶)은 그의 자이며, 함양(咸陽) 출신이다. 당나라 측천무후가 왕희지의 후손인 그에게 왕희지의 글씨를 수집하라고 명하였기에, 왕침은 왕씨 문중 28인의 작품 10권을 바쳤다. 측천무후는 중서사인 최융(崔融)에게 《보장집(寶章集)》에 그 일을 기록하게 하고 다시 왕방경에게 하사했다. 이것을 《만세통천첩(萬歲通天帖)》 또는 《왕씨보장집(王氏寶章集)》이라 한다. 그러나 진적은 이미 없어졌고 지금 전하는 것은 쌍구전묵본으로 7명의 작품 10첩이다.

3 명나라 문인 문징명(1470~1559)의 집안에서 새긴 집첩(集帖)으로, 초탁(初拓)은 10권이었으며 1560년에 12권이 완성되었다. 목판인 원각(原刻)은 담묵탁(淡墨拓)으로 된 것이 가장 유명한데 훗날 화재를 만나 석각(石刻)으로 고쳤다. 진(晉)·당·송·원·명나라 사람들의 유명한 필적을 모으고 끝에 문징명의 글씨 한 권을 첨가하였다.

4 왕희지의 난정첩을 말한다. 그 첫머리에서 "영화 구년 계축 늦은 봄 초순에 회계 산음의 난정에 모였으니, 계사를 행하기 위해서이다.(永和九年歲在癸丑暮春之初, 會于會稽山陰之蘭亭, 修稧事也.)"라고 하였기 때문에 계첩이라고도 한다.

5 중국 산동성(山東省) 청주부(淸州府) 제성현(諸城縣) 근방에 있는 지명으로, 한나라 때부터 화려한 왕도정치의 중심지로 유명하였다.

《정운관첩》
문징명, 16세기경, 28×14cm, 장서각 소장.

작품들을 보관하고 있었을 텐데, 우리나라에 전해진 것도 여러 차례 이모(移模, 서화를 본떠서 그림)한 것이 아니라서 흠잡을 데 없이 훌륭하였다.

아래쪽에는 또 이회림(李懷琳)[6]이 숙야(叔夜)[7]의 글씨를 모방한 것이 있는데, 후대 예원(藝苑)에서 분음(汾陰)의 가짜 솥[8]과 같다고 비난하며 심하게 공격하였다. 그러나 뛰어난 기상이 넘쳐흘러 천상(天上)의 진인(眞人)이라는 생각이 든다. 이회림 역시 글씨를 잘 쓰는 사람이니 이식(耳食)[9]하여 함부로 평가해서는 안 된다.

---

6 이회림(李懷琳, ?~?)은 7세기에 활동한 인물로 당나라 낙양 출신이다.

7 혜강(嵇康, 224~262)을 말한다. 숙야(叔夜)는 그의 자이며, 삼국시대 위나라 초군(譙郡) 질현(銍縣) 출신으로, 죽림칠현(竹林七賢)의 일원이다.

8 서한(西漢) 무제(武帝) 원정 4년(서기전 113)에 분음에서 보정(寶鼎)이 발견되자, 신하들은 모두 무제의 장수함을 하례하면서 그것이 바로 주(周)나라 때부터 전해 온 정이라고 하였다. 그 후 감천궁(甘泉宮)에 정을 보관하고 그곳에 후토사(后土祠)를 세우고는 무제가 직접 가서 지신(地神)을 제사하였다 한다. 안정은 가짜 솥으로, 여기서는 이를 터무니없는 사실을 날조한 것으로 보았다.

9 남의 말만 듣고 시비를 생각지 않고 함부로 따르는 것을 비유한 말이다.

69

난정첩

왕우군의 필첩 중에는 〈난정첩(蘭亭帖)〉이 최고인데 당나라 태종의 소릉(昭陵)에 묻힌 진본[1]을 지금은 볼 수 없다. 다만 모본인 정무본(定武本)[2]이 종종 세상에 전해진다. 우리나라 사람들도 많이 번각했지만 모탑(摹搨)[3]이 정밀하지 못해서 대체로 조잡하다.

왕우군은 서예의 대가[書聖][4]이다. 인덕(仁德)이 훌륭한 분이니 나처럼 보잘것없는 사람이 어찌 그 경지를 가늠할 수 있겠는가. 뛰어난 재능이 발휘된 곳은 심취하기에 충분하여 경박함이 다 사라진 것

---

1 당나라 승려 변재(辨才)는 월주(越州) 영흠사(永欽寺)에 기거했는데, 왕희지의 난정서 진적(眞跡)을 지영(智永)에게 전해 받아 보관하고 있었다. 진본 난정서를 찾던 태종의 물음에 분실했다고 대답했으나 훗날 소익(蕭翼)의 속임수에 빠져 태종에게 빼앗겼다. 태종이 임종을 앞두고 아들 고종에게 자신의 무덤에 난정서를 넣어 줄 것을 유언했기 때문에, 진본은 태종의 무덤[昭陵]에 함께 들어갔고, 신룡본(神龍本)과 정무본 등 모본이 뒤에 전해졌다고 한다.

2 왕희지가 당대의 명사인 사안(謝安)·손작(孫綽) 등과 산음(山陰)의 난정(蘭亭)에서 계사(禊事)를 치르면서 직접 쓴 난정집서첩(蘭亭集序帖)은 서법이 매우 뛰어나 수당(隋唐) 시대 제가(諸家)의 본보기가 되었다. 당송 시대에 와서 진본은 이미 없어졌고 임모본이 많아졌는데, 당 태종 때 구양순이 임모한 것을 정무본이라 하고, 저수량이 임모한 것을 신룡본(神龍本)이라 하니, 이 두 본이 가장 진본에 근접했다고 한다.

3 글씨나 무늬를 종이에 그대로 복제하는 것이다.

4 원문은 '임지지성(臨池之聖)'이다. '임지(臨池)'는 글씨를 쓰는 것인데, 후한시대 초성(草聖)으로 일컬어졌던 장지(張芝)가 일찍이 글씨를 익힐 때 자기 집안에 있는 모든 의백(衣帛)에 글씨를 쓴 후 다시 빨곤 했으므로, 그를 일러 "못가에서 글씨를 연습하여 못물이 다 검어졌다.(臨池學書 池水盡黑.)"고 한 바 있다. 또 송나라 증공(曾鞏)의 〈묵지기(墨池記)〉에 의하면, 왕희지가 못가에서 글씨를 연습했던 장지의 일을 사모하여 그 또한 임천(臨川)의 묵지(墨池)에서 글씨를 연습했다고 한다.

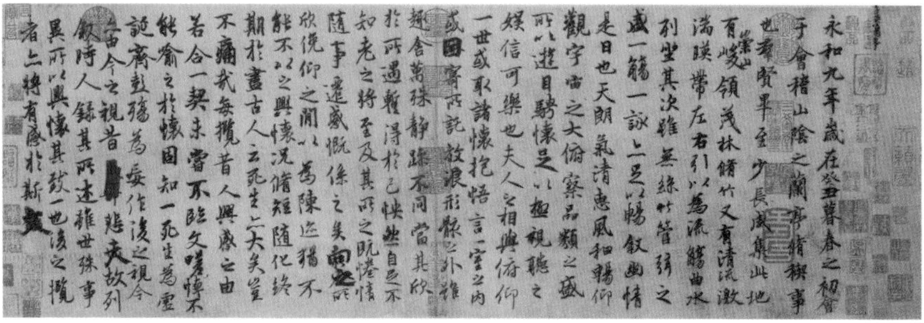

〈난정첩〉 신룡본
왕희지, 종이에 먹, 베이징 고궁박물원 소장.

을 알겠다. 다만 아쉬운 점은 지금 번각하는 사람들이 진본을 얻지 못해 갈수록 거칠고 추해져 마치 지방에서 점잖은 척하는 사람을 성인(聖人)인가 의심하는 격이 된 것이다. 이런 작품을 아무리 많이 본들 글씨를 쓰는 데 무슨 도움이 되겠는가.

70

호생관 최북의 그림 (2)

호생관 최북의 그림 두 폭이 있다. 하나는 연꽃과 백로 그림이고, 다른 하나는 갈대와 기러기 그림인데, 세속을 초월한 정취가 있으나 필획이 약간 거칠다.

아래에는 또 단원 김홍도의 그림 세 폭이 있다. 하나는 매화와 괴석 그림이고, 다른 하나는 묵련(墨蓮)이고, 나머지 하나는 새우와 게 그림이다. 술에 취한 뒤의 필적으로 신비롭고 고상한 운치가 더욱 사람을 감동시키니, 모두 뛰어난 작품에 속한다.

〈화조화〉
최북, 18세기경, 종이에 채색, 106.5×55.5cm, 국립중앙박물관 소장.
성해응이 언급한 그림은 아니지만, 최북 그림의 운치를 느낄 수 있다.

71

흥법비

원주 감영 안에 있는 흥법비(興法碑)[1]는 지금까지도 그리 심하게 손상되지 않았다. 익재(益齋) 이제현(李齊賢)이 "난새와 봉황이 물 위에 떠서 초연한 기상을 머금고 있는 듯하다."[2]라고 한 것은 참으로 훌륭한 비유이다.

이 비는 최광윤(崔光胤)이 당 태종의 글씨를 집자해서 만든 것이다. 그런데《순화각첩》에 있는 당 태종의 글씨를 보면 이 글씨와 아주 다르니, 아마 최광윤의 필체가 많이 가미된 듯하다.

---

1 강원도 원주 건등산(建登山) 흥법사(興法寺)에 있는 〈진공대사비(眞空大師碑)〉를 말한다.

2 이 구절은 이제현의《익재집(益齋集)》〈역옹패설후집(櫟翁稗說後集)〉에 수록된 것으로 그 전문은 이러하다. "북원(北原)의 흥법사비는 우리 태조(왕건)가 비문을 짓고 최광윤이 당 태종황제의 글씨를 모아 돌에 모각한 것인데, 뜻이 웅장하고 깊고 거룩하고 아름다워 검은 빛의 홀에 붉은 신을 신고 조정에서 예를 올리는 것 같으며, 크고 작은 글자와 해서와 행서가 서로 알맞게 배열되어 난새와 봉황이 물 위에 떠서 초연한 기상을 머금고 있는 듯하니, 참으로 천하의 보물이라 하겠다."

흥법사비 탁본

강원도 원주시 지정면 안창리 흥법사 터에 있는 〈진공대사비〉로, 최광윤이 당나라 태종의 글씨를 집자해서 만들었다.

72

만계 정방의 그림

정방(鄭芳)의 호는 만계(蔓溪)이고 다른 호는 지우자(之又子)이다. 그의 그림은 세속을 초월한 정취가 있다. 한번은 쏟아져내리는 폭포와 매화·대나무·파초를 그렸는데 아주 훌륭하였으니, 사물을 표현해내는 데는 최고이다.

또 자소(紫霄) 오명뢰(吳鳴雷)의 풀벌레와 산꿩을 본떠 그리고, 조창(趙昌)의 꽃가지에 앉은 참새그림을 모방해 그렸는데, 신비롭고 고상한 운치로 사람을 감동시키는 것이 원본에 뒤지지 않는다.

73

다호비

다호비(多胡碑)[1]는 일본에서 들여온 것으로, 자세한 내용이 선친의 문집에 실려 있다.[2] 자획이 괴이하여 대전(大篆)도 아니고 해서도 아닌 것이 아마 무언가를 모방한 것이 있는 듯하다.

화동 4년(712)은 당나라 예종(睿宗) 경운(景雲) 4년이니, 그렇다면 일본에 인문(人文)이 열린 지도 오래되었는데 왜 이렇게 뒤엉켜 분명하지 못한 글씨를 써놓았을까. 게다가 필획도 가볍고 약하니, 질박하게 쓰고 싶었는데 그렇게 쓰지 못한 것이리라.

다호비
일본 3대 고비의 하나이다. 전각가인 사와다 토코는 1764년 일본에 온 조선통신사와 만났는데, 이때 다호비 탁본이 조선에 전해졌다. 통신사였던 성대중은 토코에게 자신의 인장 제작을 부탁할 정도로 다호비의 가치를 높이 샀다고 한다.

---

1 도치기현(栃木縣)에 있는 나스국조비(那須國造碑)와 미야기현(宮城縣)에 있는 다가죠비(多賀城碑)와 함께 일본 3대 고비(古碑)의 하나로 꼽힌다.

2 성대중의 《청성집》 권8, 〈서다호비(書多胡碑)〉에 자세한 내용이 기록되어 있다.

74

도산기

〈도산기(陶山記)〉 한 통과 7언절구 18수[1]는 퇴계 선생이 짓고 직접 쓰신 것이다. 고봉(高峯) 기대승(奇大升)이 화운(和韻)하고 또 짧은 발문(跋文)을 썼는데, 화운은 퇴계 선생이 돌아가시기 전에 했으며 글씨를 쓴 것은 돌아가신 뒤로 보인다.

시를 읽으면 바위틈 사이 차가운 우물의 정취가 눈앞에 삼삼하여 서둘러 짚신을 신고 지팡이를 짚어 훌쩍 도산으로 멀리 떠나고 싶어진다. 하지만 내가 늙어 갈 수 없는 것이 안타깝다.

---

1 이황이 61세(1561)에 쓴 시 〈도산잡영(陶山雜詠)〉에는 〈도산기(陶山記)〉가 병기되어 있다. 〈도산기〉는 7언절구 18수와 5언절구 26수 및 5언절구 4수의 서문에 속하며, 이 48수는 암서헌(巖栖軒)·정우당(淨友塘)·절우사(節友社) 등 도산서원의 경물을 노래한 것이다.

75

도산십이곡

〈도산십이곡(陶山十二曲)〉[1]은 퇴도(退陶, 이황) 선생이 지은 것이다. 선생께서 한가롭게 거처할 때 '뜻[志]'을 말하기도 하고 '학문[學]'을 말하기도 하여, 자식과 조카들에게 노래 부르고 춤추도록 하셨으니 모든 잡념을 씻어내기 위해서였다.

우리나라 풍속에 시를 노래할 때 본래 음절이 없어 반드시 속어(우리말)로 엮어야 하니 음절에 맞지 않기 때문이다.[2] 게다가 가곡(歌曲)은 대부분 음란하여 군자가 그것을 익히는 경우는 드물었다.

그러나 옛날 송강(松江) 정철(鄭澈)[3]의 〈사미인곡(思美人曲)〉 등의 노래는 나라를 사랑하고 측은히 여기는 내용이었다. 청음(淸陰) 김문정공(金文正公, 김상헌)은 〈사미인곡〉을 즐겨 읊어, 그 집의 여종도 '비단 휘장 적막하고 수놓은 장막 비어 있다.(羅帷寂寞, 繡帳空虛.)'라

---

1 이황이 〈도산십이곡(陶山十二曲)〉을 짓게 된 동기와 목적이 《퇴계선생문집(退溪先生文集)》 권43, 〈도산십이곡발(陶山十二曲跋)〉에 자세하게 나와 있다.

2 이황은 〈도산십이곡발〉에서 "지금 시는 옛날의 시와 달라서 읊을 수는 있어도 노래할 수는 없다. 만약 노래 부르려면 필히 속어로 엮어야 하니 대개 우리 언어의 음절이 그럴 수밖에 없기 때문이다.(今之詩異於古之詩, 可詠而不可歌. 如欲歌之, 必綴以俚俗之語, 蓋國俗音節所不得不然也.)"라고 하여, 가창의 필요에 응해서 국문시를 쓰게 된 사정을 밝혔다.

3 정철(鄭澈, 1536~1593)은 자는 계함(季涵), 송강(松江)은 그의 호이며, 본관은 연일(延日)이다. 1562년(명종 17) 별시 문과에 장원 급제하여 함경도관찰사, 좌의정 등을 역임하였다. 〈관동별곡〉과 〈훈민가(訓民歌)〉, 〈사미인곡〉, 〈속미인곡〉 등을 지어 시조와 가사문학의 대가로서의 자질을 발휘하였다.

는 구절을 이해할 수 있었으니, 대개 인륜에 도움되는 것이 적지 않아서이다.

그런데 가곡은 정(情)에서 발현되기 때문에 이것을 잘 배우면 사람의 착한 마음을 감발(感發)할 수 있지만 잘 배우지 못하면 놀이에 쉽게 빠져 돌아올 줄 모르게 되니, 배우는 자들이 선택할 바를 몰라서야 되겠는가.

76

부채 그림

부채 그림은 네 폭으로, 하나는 겸재 정선이 중향(衆香, 금강산)에 석양이 비치는 모습을 그린 것이고, 하나는 연객(煙客) 허필(許佖)[1]이 산속 소나무와 돌을 그린 것이고, 또 하나는 연객이 매미를 그린 것이며, 나머지는 능호 이인상이 남쪽 시내의 초당(艸堂)을 그린 것이니, 각 작품은 신묘한 경지에 이르렀다.

아래에 배와 김상숙의 묵죽도(墨竹圖)와 진재 김윤겸의 고수도(枯樹圖)가 붙어 있다. 배와의 그림은 비록 격식에 맞지 않지만 맑고 고원한 정취가 그의 필체처럼 종이와 먹에 가득하였고, 진재의 그림은 병중에 그린 것이라 필획이 부은 듯이 굵지만 진의가 충분히 드러나 진귀하다.

---

1 허필(許佖, 1709~1761)은 자는 여정(汝正), 연객(煙客)은 그의 호이며, 본관은 양천이다. 1735년(영조 11) 진사시에 합격했고, 시서화에 능하여 삼절이라 칭해졌으며, 그림은 명나라 심주(沈周)를 종주로 삼았다.

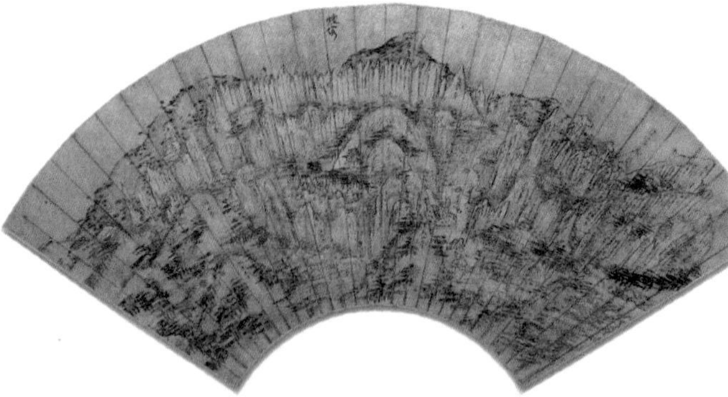

〈금강산도(金剛山圖)〉
허필, 18세기경, 종이에 먹, 21.8×58.8cm, 고려대학교 소장.

〈산수도〉
정선, 18세기경, 종이에 채색, 19.6×47.5cm, 국립중앙박물관 소장.

77

안진경의 〈녹포첩〉 잔결본

우리 집에 노공(魯公)[1]의 〈녹포첩(鹿脯帖)〉 한 장이 소장되어 있는데, 서법이 전적으로 왕우군에게서 나와 노공의 다른 글씨와 비교할 바가 아니다. 탑본이 정밀하고 온전하며, 삐침과 파임[2]의 모양은 붓끝이 살아 있다. 또 두공부의 절구시[3]를 베낀 것이 있으니 다음과 같다.

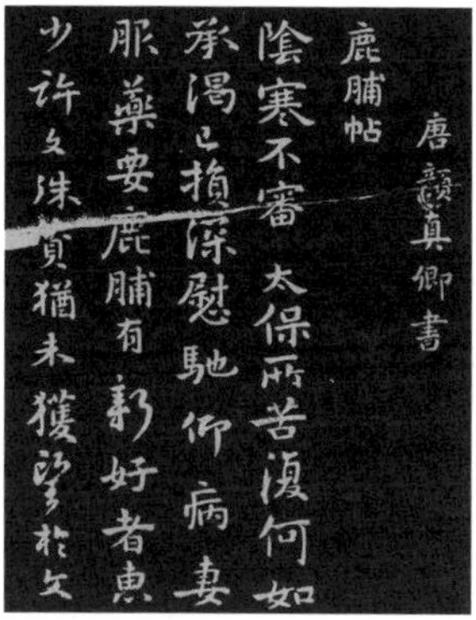

〈녹포첩〉의 탁본
안진경, 765년, 35.6×16.5cm, 중국 저장성박물관 소장. 탁본이 정밀하고 온전하며 글자 모양은 붓끝이 살아 있다.

---

1 안진경(顔眞卿, 709~785)을 말한다. 자는 청신(淸臣), 별호는 응방(應方)이며, 낭야(琅邪) 임기(臨沂) 출신이다. 노군 개국공(魯郡開國公)에 봉해졌기 때문에 안노공(顔魯公)으로 불렸고, 안지추(顔之推)의 5대손이다. 그의 서체는 왕희지의 전아한 서체에 대한 반동이라고 할 수 있을 만큼 남성적인 박력 속에 균제미를 발휘한 것으로, 당나라 이후 중국의 서도(書道)를 지배했다. 해서·행서·초서의 각 서체에 모두 능했다.

2 원문은 '책적(磔趯)'이다. 당나라 장회관(張懷瓘)의 《서법론(書法論)》에 의하면, 영(永)자를 칭하여 팔법(八法)이 있다고 했다. 첫째는 칙(側)이니 점(點), 둘째는 늑(勒)이니 횡획(橫畫), 셋째는 노(努)이니 직획(直畫), 넷째는 적(趯)이니 구(鉤), 다섯째는 책(策)이니 위로 향한 사획(斜畫), 여섯째는 약(掠)이니 별(撇), 일곱째는 탁(啄)이니 바른 편의 단별(短撇), 여덟째는 책(磔)이니 날(捺)이라고 하였다.

3 두보의 〈절구만흥(絶句漫興)〉 9수 중 제7수이다.

진흙길에 버들 꽃
하얀 융단처럼 펼쳐 있고, 粘逕楊花鋪白氈
가느다란 시냇가 연잎
청전(青錢)[4]처럼 겹쳐 있네. 點溪荷葉疊青錢
죽순 뿌리 막 돋아
보는 사람 없고, 筍根稚子無人見
모래 위 새끼 오리
어미 곁에서 잠들었네. 沙上鳧雛傍母眠

이 28자는 필의(筆意)가 고원하고 신묘하여 안평대군(安平大君)의 글씨와 비슷하다. 다만 동각본(東刻本)에서 나와 가끔 참맛을 잃었다.

4 색이 푸르고 둥근 모양의 물건을 비유한 것으로, 여기서는 연잎을 형용한 말이다.

석치 정철조의 그림

석치(石癡) 정철조(鄭喆祚)[1] 공이 그린 마하연(摩訶衍)[2] 한 폭과 개·잉어·사슴 그림이 각각 한 폭씩 있는데, 사슴 그림이 특히 신묘하다.

또 네 폭의 그림이 있으니, 하나는 창해 역사(滄海力士)를 그린 것으로 장자방(張子房)[3]이 그 곁에 서 있어 용맹하고 웅건한 형상이 그대로 사람들의 혼을 빨려들게 한다. 하나는 동현(董賢)[4]을 그린 것으로, 그가 쓴 갓이 아무리 찬란해도 어리석고 아첨하던 태도는 가릴 수 없다. 하나는 조아(趙娥)[5]를 그린 것으로, 칼을 휘둘러 사나움을 뽐내어 규방에서 화장한 모습은 전혀 없지만 그녀를 보면 마음을 뺏

---

1 정철조(鄭喆祚, 1730~1781)의 자는 성백(誠伯), 석치(石癡)는 그의 호이며, 본관은 해주(海州)이다. 1774년(영조 50) 증광 문과에 급제하여 정언(正言)을 지냈고, 홍대용과 박지원을 비롯하여 연암 그룹과 교유하였다. 기중기·도르래·맷돌·수차와 같은 기계를 직접 만들고 시험하였으며, 천문 관측이나 역산(曆算) 및 여지도(輿地圖)에 대해서도 상당한 조예를 갖추었고, 벼루 제작과 정밀한 그림에 뛰어나 정조의 초상화를 그리기도 하였다.

2 신라 문무왕 1년(661)에 의상대사가 창건한 절로, 금강산에 있는 유점사(楡岾寺)의 말사(末寺)이다.

3 자방(子房)은 장량(張良)의 자이다. 한 고조를 도와 항우(項羽)를 멸하고 천하 통일을 이루었으며, 만년에 황로(黃老)를 좋아하여 신선 벽곡(辟穀)의 술법을 닦았다 한다. 진(秦)나라에 원수를 갚기 위해 창해군에서 창해 역사를 얻어 박랑사(博浪沙)에서 진시황을 철퇴로 저격했는데 부거(副車)에 맞아 목적을 달성하지 못했으며, 창해 역사는 하루에 천리를 달리므로 붙잡히지 않았다고 한다. 《사기》 권55 〈유후세가(留侯世家)〉 참고.

4 한 애제(漢哀帝)의 신하로 많은 총애를 받았는데, 애제가 죽은 후 왕망(王莽)에게 탄핵을 받아 자살하였다.

기게 된다. 하나는 녹주(綠珠)[6]를 그린 것으로 춤추는 소매로 몸을 감싸고 있어 아름다운 자태가 넘쳐나니 득의작이다. 지금 중제(仲弟, 성해운[成海運])가 간직하고 있다.

---

5 동한(東漢)시대 주천(酒泉) 출신으로 아버지가 피살되자, 칼을 소매 속에 숨기고 있다가 도정(都亭) 앞에서 원수를 찔러 죽이고 자수하여 사면받았다. 세상 사람들이 그녀의 의로움을 칭송했다고 전한다.

6 진나라의 큰 부호(富豪)인 석숭(石崇)이 금곡(金谷)에 별장을 짓고 기첩(妓妾) 녹주를 데리고 향락을 즐겼다. 조왕(趙王) 윤(倫)이 반역하여 정권을 잡자 사람을 보내어 녹주를 달라고 청하였으나, 석숭이 거절하므로 석숭을 잡아가니 녹주가 누대에서 떨어져 죽었다고 한다.

79

예학명 필첩

판서 서영보(徐榮輔)[1]가 예학명(瘞鶴銘)[2] 한 본을 나에게 보여준 적이 있는데, 탑본은 매우 정밀하나 자획이 너무 속되어 초산(焦山)[3]의 진적(眞迹)이 아닌 듯하였다. 선친께서 한 통을 자세히 써서 배와 김상숙 선생께 보여주시니, 선생은 그 내용 중에 잘못된 곳을 여러 군데 지적하셨다. 또 다른 예학명 본에 기록된 것으로 대답하기를 "이것이 진적이라고는 하지만 내가 보기에는 이 또한 진본이 아니네."라고 하셨다.

초산 석벽에 새겨진 글씨는 물에 침식되어 점차 마모되었다. 그러므로 처음에 탑본한 것은 글자가 많지만 나중에 탑본한 것은 글자가 줄어들었다. 중국 사람들이 탑본한 것은 아주 많으나 선본을 얻기란 매우 어렵다. 그런데 이 필적은 가늘지만 힘이 있으니, 꼿꼿하게 서 있는 학의 모습 같은 필체가 득의작으로 삼을 만하다.

---

1 서영보(徐榮輔, 1759~1816)의 자는 경세(慶世), 호는 죽석(竹石), 본관은 달성이다. 1789년(정조 13) 식년 문과에 장원한 뒤 대사간, 대사성, 대사헌, 대제학, 이조판서 등을 역임하였다. 문장과 글씨에 뛰어났고 수원의 지지대비(遲遲臺碑) 비문을 짓기도 하였다.

2 남조(南朝) 양(梁) 나라의 은사 도홍경(陶弘景)이 초산(焦山) 석벽 위에 글을 짓고 상황산초(上皇山樵)가 글씨를 쓴 비각의 이름으로, 필법이 꾸밈없이 순수하여 서예의 진수로 평가되고 있다.

3 중국 강소성 진강시(鎭江市) 동북 강변에 있는 산으로서 '천하제일강산'이라 불린다.

예학명 탁본

도홍경이 514년에 썼으며, 진강(鎭江) 초산에 있다. 한 글자가 손바닥 만한 대자로 웅혼함을 느끼게 하며, 해서이지만 예서와 행서의 기운을 갖추고 있다. 세련미보다 천진한 소박함이 느껴져 예술적 감성을 자극한다.

80

정료위의 인장

정료위(定遼衛)[1]는 홍무 4년(1371)에 설치되었다가 곧바로 요동 도지휘사사(遼東都指揮使司)[2]로 바뀌었다. 이 인장은 정료위 시절 만든 것이다. 용천(龍川)[3] 사람이 청룡산(靑龍山)에서 발견했는데, 그 인장에 전서체로 새겨진 글에는 "정료후위중천호소백호지인(定遼後衛中千戶所百戶之印)[4]"이라 되어 있고, 인장의 후면 왼쪽 옆에는 "홍무 10년 6월 모일 예부에서 제작하였다.(洪武十年六月日禮部造.)"라고 새겨져 있었다. 또 왼쪽 모퉁이에는 "습자 55호(習字五十五號)"라고, 오른쪽 옆에는 해서가 새겨져 있다고 한다. 전서체로 쓴 것은 솜씨가 좋았다. 저 인장은 400여 년 동안 땅 속에 묻혀 있다가 순조 임술년(1802)에 처음으로 출토되었는데, 크게 상하지 않았으니 더욱 기이하다. 무슨 까닭으로 우리나라에 있게 된 것일까? 아마도 홍무 연간에 철령위(鐵嶺衛)[5]를 설치하려고 했을 때 유실된 것으로 짐작한다.

---

1 명나라가 북원(北元)의 요양(遼陽) 지역을 접수하고 설치한 지방 행정 기구이다.

2 명나라 때 각 성(省)에 설치되어 그 지방의 군무를 담당하던 관아를 말한다.

3 평안북도 신의주 밑 압록강 하구에 위치한 지역이다.

4 명나라 때 군대의 편제였던 위(衛)와 소(所)를 가리킨다. 《명사(明史)》〈병지(兵志)〉에 "명나라가 무력으로 천하를 통일한 후 옛 제도를 개혁하여 서울에서부터 지방 군현에까지 모두 위·소를 설치했는데, 요해지로서 1개 군에 관계되는 곳에는 소를, 여러 군에 관계되는 곳에는 위를 설치하되 대략 5,600명이 위, 1,120명이 천호소(千戶所), 112명이 백호위(百戶衛)였다."라고 하였다.

5 고려 우왕(禑王) 14년에 명나라가 철령 이북은 원래 원나라의 영토였으므로 자기 영토라고 주장하여 철령에서 요양에 이르기까지 국경 방어를 위해 설치하려던 70개소의 군영(軍營)을 말한다.

81

동방화상찬

동방만천(東方曼倩)[1]의 화상찬(畫像贊)은 하후태초(夏侯太初)[2]가 지은 것으로, 동방만천을 매우 찬미하긴 했지만 기괴하고 허황된 것도 말하였다. 왕우군의 필체는 아마도 호방함을 발휘하여 도무지 신명(神明)이라곤 없는 속본(俗本)과는 상대가 되지 않았을 것이다. 지금 글씨를 배우는 사람은 고인(古人)의 온전한 선본을 가져다 익혀서 조잡한 필체가 필의에 먼저 스며들게 해서는 안 된다.

또 우리나라 사람의 글씨는 걸핏하면 모양을 내 번지르르하게 꾸미니, 마치 어떤 사람이 어린 아이에게 글씨를 가르칠 때 형편없는 시골 선생을 데려다 잘못된 음과 뜻으로 지도하는 것과 같다. 지금 선비들 중에 뛰어난 이가 드문 것도 대부분 이 때문이다. 서법 역시 마찬가지이다.

---

1 한나라 동방삭(東方朔, 서기전 154~93)을 말한다. 만천(曼倩)은 그의 자이다. 해학과 직언을 잘하였고 선술(仙術)을 좋아했는데, 천계의 복숭아 3개를 훔쳐 먹어 3,000년을 살았다고 한다.

2 하후현(夏侯玄, 207~254)을 말한다. 태초(太初)는 그의 자이다. 삼국시대 위나라의 명장 하후상(夏侯尙)의 아들로 황제 조상(曹爽)을 돕다가 그가 패망한 뒤 사마사(司馬師)를 죽이려다 발각되어 죽임을 당했다. 초기 현학(玄學)의 영수로 한 시대를 풍미했다.

82

석대효경

당 현종이 《효경(孝經)》을 주해하고 천보 4년(745)에 돌에 새겨 이를 태학(太學)에 세웠다. 이것이 석대효경(石臺孝經)[1]이다. 아직도 서안부(西安府)의 태학에는 4개의 비가 남아 있다.

형병(邢昺)은 《효경정의(孝經正義)》에서 "《고문효경(古文孝經)》은 오랜 세월동안 유실되었다가 수나라 때 유현(劉炫)이 한 본을 얻어[2] 자기 생각대로 고쳐서 《고문효경계의(古文孝經稽疑)》 한 편을 저술하였다."라고 하였다.

개원(開元, 713~741) 연간에 현종이 조서를 내려 《효경》을 간행할 때, 유자현(劉子玄, 유지기[劉知幾]) 등이 주관했는데, 사마정(司馬貞)은 이렇게 말했다. "《금문효경(今文孝經)》은 하간헌왕(河間獻王)[3]이 얻은 안지본(顏芝本)[4]으로 유향(劉向)이 고문을 참고하고 교정해서 18장으

---

1 사면에 모두 글씨를 새긴 방주비(方柱碑)이다. 당나라 현종은 《효경》을 존중하여 글자의 교정을 지시하였고, 완성 후에는 스스로 명심해야 할 곳을 표시해 두었다. 그는 예서를 잘 썼는데, 특히 풍성한 팔분예에 의해 화려하게 음각하고 붉은 색으로 칠해, 당나라 예서의 한 전형으로 자리매김하였다.

2 수 문제(隋文帝) 개황 14년(594)에 왕소(王劭)가 우연히 《고문효경(古文孝經)》을 발견하여 유현에게 보냈다.

3 한 경제(漢景帝)의 셋째아들인 유덕(劉德)을 말한다. 하간왕(河間王)에 봉해졌으며, 유학을 숭상하고 예악을 닦아 산동(山東)의 제유(諸儒)들이 귀의해 왔다는 기록이 전한다.

4 진(秦)이 서적을 불태울 때 하간(河間) 안지(顏芝)가 이 책을 소장하고 있다가 한나라 초기에 와서 안지의 아들 정(貞)이 세상에 내놓은 《금문효경(今文孝經)》을 말한다.

로 만든 것이다." 그 주(注)에는 "정현(鄭玄)이 짓다."라고 되어 있으나, 정현의 지(志)와 목록이 모두 실리지 않았다.

또《당회요(唐會要)》[5]에서 "사마정은 〈규문장(閨門章)〉의 문구가 조잡하다며 삭제하였고, 〈서인장(庶人章)〉은 구문(舊文)을 나누어 만들면서 함부로 '자왈(子曰)' 및 구절 중에 '탈의취공(脫衣就功)' 등의 말을 더했다고 하여《고문효경》을 논박하였다."라고 하였는데, 현종은 사마정의 의견에 따라 책을 만들었다.

후대에 웅화(熊禾)[6]와 같은 무리는 사마정이 〈규문장〉을 없앰으로써 현종을 무례하게 만든 화근이 되었다[7]고 말했는데, 사실은 그렇지 않고 안지본에서부터 〈규문장〉은 없었다. 현종은 이미 무비(武妃, 현종의 후궁)의 참소로 세 아들을 죽였고, 더욱이 수왕(壽王)의 아내(양귀비)를 빼어 후궁으로 들였다. 이러고서 직접《효경》을 주해하였다는 것은 참으로 부끄러운 일이 아닌가. 사마정의 의견을 따른 것은 아마도 이런 이유 때문일 것이다.

---

5 송나라의 왕부(王溥)가 편찬하여 961년 임금에게 올린 것으로 모두 100권이다. 당나라의 국정과 제반 제도에 대한 연혁을 항목별로 분류하고 편찬한 책이다.

6 웅화(熊禾, 1247~1313)의 자는 거비(去非), 호는 물헌(物軒), 남송 건녕(建寧) 건양(建陽) 출신이다. 1274년에 진사가 되고, 정주(汀州) 사호참군(司戶參軍)에 올랐으며, 원나라에 들어서는 벼슬하지 않았다. 주희의 문인 보광(輔廣)에게 수학하면서 성리학에 뜻을 두었고, 송나라가 망하자 고향으로 돌아가 무이산(武夷山)에 오봉서당(鰲峰書堂)을 세우고 학생들을 가르쳤다.

7 당 현종이 양귀비에 빠져 궁중의 법도가 문란해지고 안녹산(安祿山)의 난이 일어나게 된 일을 가리킨다.

석대효경 탁본첩

당 현종이 큰 글씨는 예서체로, 작은 글씨는 해서체로 쓴 것을 높이 6m 비석에 새겨 넣었고, 이를 탁본해 첩으로 만들었다.

석대효경

당 현종이 743년에 《효경》을 다시 주(註)하여 천하에 반포하고, 745년 돌에 새겨 태학에 건립하였다. 사면에 모두 글씨를 새긴 방주비로, 높이 375cm의 큰 비이다.

83

성교서

우리 집에 소장된《성교서》는 비록 선본이 아니지만 요새는 이런 본도 구하기 어렵다.《성교서》 서문은 문황(文皇, 당 태종)이 아들 고종(高宗)을 위해 지은 것이다. 지금 장경(藏經)[1]의 맨 앞에 두었으니, 승려 현장(玄奘)[2]이 부처의 진리를 구한 일을 서술했기 때문이다. 현장이 천축국(天竺國)으로 떠난 지 18년 만에 코끼리 두 마리에 짐을 싣고 불경과 불상을 들고 양주(凉州, 감숙성 무위현)로 돌아왔다. 이 소식을 들은 당 태종이 친필 조서를 내리고 비기(飛騎)[3]를 보내 그를 맞이했으며, 부자가 서로 솔선하여 서(序)와 기(記)[4]를 지었다.

함형(咸亨, 670~673) 연간에 승려 회인이 왕우군의 글씨를 집자해

---

1 일체경(一切經) 또는 삼장경(三藏經)이라고도 한다. 대승(大乘)·소승(小乘)의 삼장(三藏), 곧 석가의 설법을 기록한 경장(經藏), 교단(敎團)의 계율 및 그것을 해설한 율장(律藏), 경(經)의 주석문헌인 논장(論藏)을 집대성한 불교의 대경전이다. 후대에 이르러서는 석가뿐만 아니라 그 제자를 비롯하여 인도·중국 등지의 조사(祖師)·고승(高僧)들이 남긴 저서·문헌들도 이에 포함되었다.

2 현장(玄奘, 602~664)은 당나라의 고승으로 법상종(法相宗)의 개조이다. 629년(정관 3) 8월 장안을 출발하여 스이아브에서 힌두쿠시 산맥을 횡단해서 간다라 지방을 거쳐 인도에 들어갔다. 여행의 경과와 서방 제국의 사정을 기록한《대당서역기(大唐西域記)》 12권은 중앙아시아에 관한 귀중한 사료 중 하나이다.

3 당 태종이 설치한 금군(禁軍)의 이름이다.

4 책이나 논문 등의 첫머리에 취지나 내용의 대강을 간략하게 적은 글을 말한다. 현장이 인도에서 가져온 불전의 번역이 끝나자 태종은 여기에 〈대당삼장성교서(大唐三藏聖敎序)〉를 하사하고, 태자인 이치(고종)도 〈대당삼장성교서기(大唐三藏聖敎序記)〉를 지었다. 663년(영휘 4) 저수량(褚遂良)이 이 2편의 글을 두 대의 비에 쓰고 대안탑(大雁塔)에 안치하여 지금에 이르고 있다.

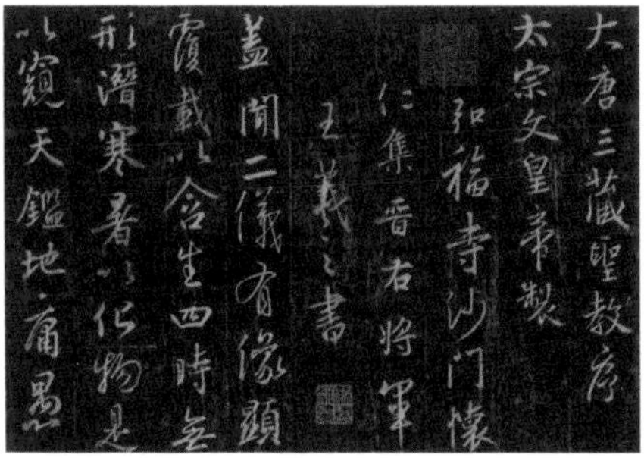

집자성교서(集字聖教序)
회인(懷仁), 7세기경, 각 24.5x11.9cm, 총 12폭. 왕희지의 글씨로 만든 집자 비석이다. 원래 명칭은 '대당삼장성교서(大唐三藏聖教序)'인데 통칭하여 집자성교서라고 한다. 홍복사(弘福寺) 승려 회인이 당 태종의 명에 따라 궁에 소장된 왕희지의 법첩 안 글자를 집자해 만들었다.

서 돌에 이 서문을 새기고 《반야바라밀경(般若波羅蜜經)》의 끝 부분에 지령(志寧) 등 여러 신하들의 성씨(姓氏)를 나열해 기록하였다. 세상을 덮을 만한 호탕한 기백을 가진 문황도 《인과경(因果經)》[5]에서 복을 구했고, 당시 명망 있던 지령 등도 군주를 올바른 길로 인도하지 못하고 비의 끝부분에 이름을 새겨 넣는 것을 영광으로 삼았으니 참으로 추하지 않은가. 게다가 불설(佛說)의 허망함은 쉽게 알아차릴 수 있는데도 하염없이 빠져들었으니, 한문공(韓文公)이 불교를 배척한 공이 작다고 할 수 있겠는가.[6]

---

5 석가모니가 출가하여 중생을 구할 때까지의 과정을 스스로 이야기하는 형식으로 설명한 불교 경전이다.

6 한문공은 한유(韓愈)를 말한다. 당 헌종(憲宗)이 서역에서 부처의 사리를 들여와 경배하자, 한유는 〈불골표(佛骨表)〉를 올려 강력하게 배척했다가 조주 자사(潮州刺史)로 쫓겨난 바 있다.

창려집

《창려집(昌黎集)》은 임진왜란 이후 재정이 궁핍해진 훈련도감에서 안평대군의 글자를 기본으로 하여 취진자(聚珍字)[1]로 판각한 것이다. 훈련도감은 이 책을 인쇄해 팔아서 재정에 충당하였다. 필획이 뛰어나고 아름다워 비록 이각본(移刻本)이지만 진본의 맛을 크게 잃지는 않았다. 한창려(한유)의 문집은 주자의 교정을 거쳤기 때문에 안평대군의 필체로 새긴 것이니 천하의 보배라 할 만하다. 판본이 이미 너무 오래되어 지금도 남아 있는지 모르겠다.

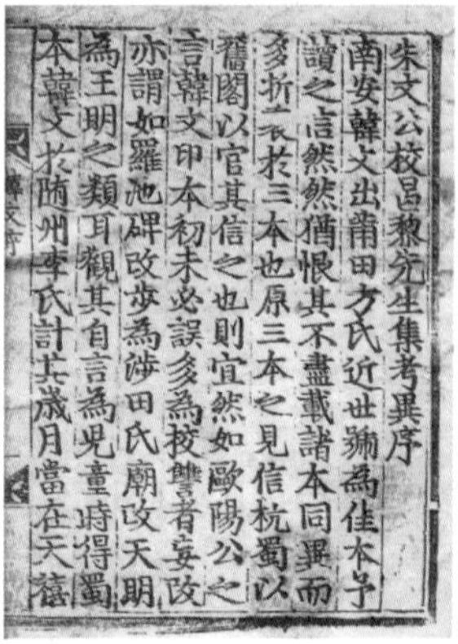
朱文公校昌黎先生集考異序
南安韓文出莆田方氏近世號為佳本予
讀之信然然猶恨其不盡載諸本同異而
多折衷於三本也原三本之見信杭蜀以
舊閣以官其信之也則宜然如歐陽公之
言韓文印本初未必誤多為校讐者妄改
亦謂如羅池碑改步為涉田氏廟改天明
為王明之類耳觀其自言為兒童時得蜀
本韓文於隨州李氏計其歲月當在天禧

《창려집》
주자가 교정한 한유의 《창려집》을 16세기 훈련도감에서 안평대군의 글자를 기본으로 하여 취진자(聚珍字)로 판각한 것이다.

내가 음성의 관아에 있을 때 이것을 얻어 잠시도 손에서 놓지 않았는데, 어느새 망가지고 더러워졌으니 안타까울 뿐이다.

---

1 1815년(순조 15) 예조판서 남공철(南公轍, 1760~1840)이 주조한 동활자(銅活字)이다.

85

백월서운탑비

신라시대 낭공대사(朗空大師)의 백월서운탑비(白月栖雲塔碑)[1]의 비문은 최인연이 지었는데 매우 전형적인 문장으로 당나라 비의 격식이 있다. 승려 단목(端目)이 김생의 글씨를 집자해서 만들었는데 서체가 웅장하고 뛰어나니 참으로 우리나라 비문 중의 보배이다.

원래 봉화현 절터에 오랫동안 묻혀 있던 것을 한 농부가 밭을 갈다가 발견했다. 영천 군수 이항(李伉)이 비석이 훼손되는 것을 안타까워하여 고을의 공관 빈곳에 옮겨 놓고 이러한 내용을 기록하였으며, 박눌(朴訥)이 그것을 썼으니 정덕(正德) 4년(1509) 8월 어느날이다.

만력 계사년(1593)과 정유년(1597) 사이에 명나라 군대가 이 고을에 오랫동안 머물면서 수천 장을 탑본하였다. 당시는 한창 추울 때라 먹물이 얼어 숯을 태우면서 탑본했기 때문에 돌 표면이 많이 손상되었다.

그 후 명나라 사신 웅화가 우리나라에 올 때 압록강을 건너기도 전에 백월비 탑본을 먼저 요구했다. 우리 조정에서는 비가 어디에

---

1 낭공대사(朗空大師, 832~916)의 생애와 업적을 기록한 것으로, 최인연이 내용을 쓰고 승려 단목이 김생의 글씨를 집자하고 승려 숭태(嵩太)·수규(秀規)·청직(淸直)·혜초(慧超)가 새겨 954년(광종 5)에 세웠다. 원래 경상북도 봉화군 태자사(太子寺) 터에 있던 것을 국립중앙박물관에 옮겨 보존하고 있다.

있는지 몰라 다시 명나라 사신에게 묻고서야 찾았다. 이때부터 탑본을 찾는 사람들이 많아졌고, 나중에는 지키기가 힘들어 방치하니 여기저기 말발굽이 찍혔다. 그래서 지금 탑본한 것은 모두 말발굽이 남아 있다. 감상가들은 말발굽의 흔적이 없는 것을 구탑본(舊榻本)이라 하였다.

자세히 보면, 비문의 글자 중 '엽(葉)'자를 모두 '桊'자로 썼으니, 당나라 때 문황(태종)의 이름을 피하고 꺼려 '세(世)'자를 전부 다른 글자로 고친 것과 같다고 하겠다. 이 비문을 새겼을 때가 당나라 때인 듯한데 '세(世)'자를 그대로 쓴 채 피하고 꺼리지도 않았으니 정말 이상하다.

비 뒷면에 "신라 국석 남사 고국사비명 후기(新羅國石南寺故國師碑銘後記) 문하(門下) 법손(法孫) 승려 순백(純白)이 서술하다."라고 새겨져 있고, 끝에는 "현덕(顯德) 원년 갑인년(954) 7월 15일에 세우다."라고 크게 씌어 있다. 글자체가 매우 웅장한 것이 김생의 필체인 듯한데 다만 조금 엉성하고 거친 것을 보면 한 사람이 모사한 것은 아닌 듯하다.

김생의 필적은 창림사(昌林寺)[2] 비에도 남아 있는데, 당나라의 명각(名刻)이라 불리던 문민 조맹부도 이보다 뛰어날 수 없다. 지금 이 비는 남아 있지 않다.

---

2 경상북도 경주시 배동 남산 기슭에 있었던 신라시대의 사찰이다.

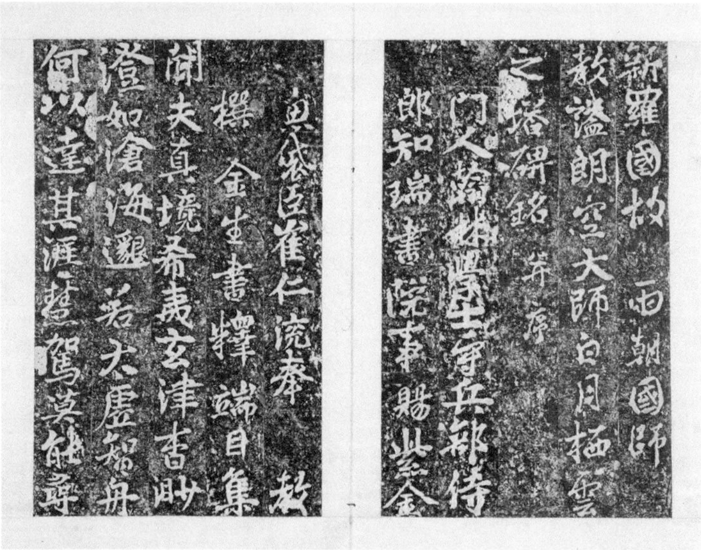

백월서운탑비 탁본

김생, 945년, 26.9×19cm, 국립중앙박물관 소장.

최언위가 내용을 쓰고, 승려 단목이 김생의 글씨를 집자하였으며, 승려 숭태와 혜초 등이 새겨 954년에 세웠다. 원래 경상북도 봉화군 태자사 터에 있었다. 비문은 1행 83자 31행으로 구성된 큰 비이다.

양봉 나빙의 난 그림

연경을 다녀온 박재선(朴在先, 박제가)이 나에게 나양봉(羅兩峯, 나빙[羅聘])이 난(蘭)을 그린 쥘부채 하나를 주었다. 양봉의 이름은 빙(聘)으로 강소(江蘇) 양주부(楊州府) 사람이다. 젊어서는 풍류가 꽤 자유분방하였으며, 만년에는 불교를 신봉하여 아들 윤찬(允纘)을 데리고 유리창(琉璃廠)의 관음각(觀音閣)에서 타향살이를 하였으니, 그의 불우함이 가련하다. 동심(冬心) 금농(金農)[1]에게 그림을 배웠는데, 격식과 필력이 스승을 뛰어넘었다.

전에 나양봉이 그린 〈귀취도(鬼趣圖)〉는 매우 괴이하여 나라 안의 명사들이 저마다 그 그림에 시를 썼다.[2] 또 큰 폭의 홍매 그림을 그렸는데 풍성하고 아름다워 볼 만하였으며, 시도 아름답긴 하지만 그림보다는 못하다.

아내는 동성(桐城) 방씨(方氏)로 이름은 완의(婉儀)이고, 호는 백련

1 금농(金農, 1687~1764)은 자는 수문(壽門), 동심(冬心)은 그의 호이며, 절강성 전당 출신으로 양주팔괴(楊州八怪)의 일원이다. 하작(何焯)에게 사사하여 일찍부터 필명이 높았고 금석을 애호하였다. 팔분과 한예(漢隸)를 바탕으로 특이한 방형의 서체를 이루었고, 말·화과·불상·묵죽 등 50세부터 시작한 묵매(墨梅)로 독자적인 화풍을 형성하였다.

2 〈귀취도(鬼趣圖)〉는 나빙이 귀신의 다양한 모습을 그린 것으로, 당대 문사 수십 명이 제화 시문을 남겼다. 그중에는 박제가와 유득공이 감상한 제사, 귀신의 해학 사실을 풍유한 박제가의 제화시가 들어 있다. 나빙은 매화의 활짝 핀 모습을 담은 〈묵매화도(墨梅花圖)〉와 박제가의 아름다운 풍채를 담은 〈박제가소상(朴齊家小像)〉을 그려 박제가에게 주었다

〈귀취도(鬼趣圖)〉 중 푸른 귀신 그림
나빙, 18세기경, 종이에 채색, 부분 그림, 미국 하버드 대학교 소장.
나빙 자신이 직접 본 귀신의 모습을 8폭 족자에 담았다. 이 그림은 당시 큰 화제가 되어 명사들의 제발이 100여 편이나 붙었다.

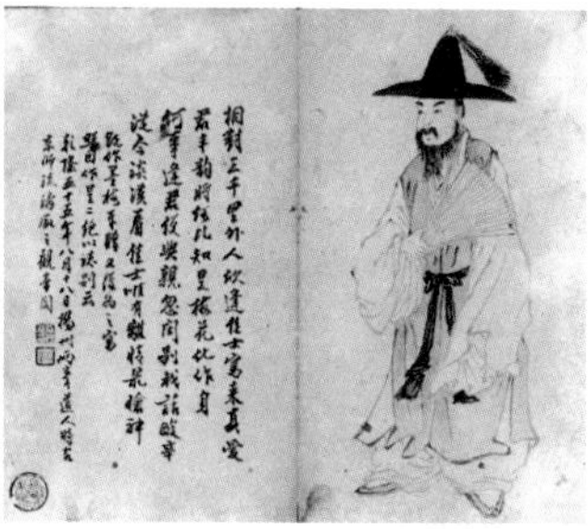

박제가의 초상화
나빙, 1790년, 종이에 먹, 10.4×12.2cm, 실학박물관 소장.
청나라 화가 나빙이 그린 박제가의 초상화. 1790년 두 번째로 연경을 방문한 박제가와의 이별을 아쉬워하며 그의 모습을 그려 선물하였다.

여사(白蓮女史)인데 역시 시서(詩序)를 잘 전각하였다. 나양봉은 젊었을 때 방옹(放翁)[3]의 필체를 모방하여 30여 수를 따라 쓰고 《학륙집(學陸集)》이라 했다. 나윤찬도 그림을 잘 그렸으니, 사람들이 나양봉 부자를 나소간(羅昭諫, 나은[羅隱]) 부자에 비유하였다.

유혜보(柳惠甫, 유득공[柳得恭]가 나양봉이 가지고 있는 당나라 한황(韓滉)의 〈회흘무녀도(回紇舞女圖)〉를 보았는데, 땋은 머리에 첨모(尖帽)를 쓰고 머리를 둘러 진주와 비취로 장식한 것이 자못 우리나라 여인 같았다고 한다.

3 육유(陸游, 1125~1210)를 말한다. 자는 무관(務觀), 방옹(放翁)은 그의 호이며, 산음(山陰) 출신이다. 만 수에 달하는 시를 남겨 중국 시사에서 최다작 시인으로 꼽히며, 당시풍의 서정을 부흥시켰다는 평가를 받는다.

87

수옥 장도악의 그림

내가 박재선과 교유하면서 장수옥(張水屋)[1]의 묵죽그림 부채를 본 적이 있는데 붓놀림이 아주 훌륭하였다. 그의 이름은 도악(道渥)으로 강소성 양주부 출신이다. 소금을 운송한 일로 파직되었으니 또한 불우한 사람이기도 하다. 〈감흥시(感興詩)〉 10편은 자못 침울하고 강개하다.

---

1 장도악(張道渥, 1757~1829)을 말한다. 자는 봉자(封紫), 수옥(水屋)은 그의 호이며, 산서 부산(浮山) 출신으로 시와 그림에 능하였다.

표암 강세황의 그림

표암(豹菴) 강세황(姜世晃)의 그림은 세속을 초월한 아취가 있어 근래 화가들이 대부분 그에게 배웠다. 표암의 아들 인(儐)이 일찍이 역병에 걸려 죽었는데 며칠이 지나 염을 하려고 할 때 갑자기 살아났다. 그래서 표암이 백 폭의 〈운산도(雲山圖)〉를 그리고 기쁜 마음을 서술하여 아들에게 준 것이다. 아마 자신이 가진 재주를 모두 발휘해 그렸을 것이다. 아들도 발문(跋文)을 써서 가보임을 표시하였다.

문숙공(文肅公) 이성원(李性源)[1]은 본래 그림을 좋아하는 사람인데 그 사연을 듣고 직접 찾아가 한 달 넘게 졸라서 결국 그림을 얻었다. 지금은 그의 집안에 있다.

1 이성원(李性源, 1725~1790)은 자는 선지(善之), 호는 호은(湖隱), 문숙은 시호이다. 본관은 연안(延安)이며, 좌의정 정구(廷龜)의 후손이다.

〈피금정(披襟亭)〉

강세황, 1789년, 비단에 엷은 채색, 126.7x69.4cm, 국립중앙박물관 소장.

강세황이 금성(金城)의 피금정을 지날 때 어린 시절을 회상하며 그린 그림으로, 그의 진경산수화 중 가장 큰 작품이다. 성해응이 언급한 그림은 아니나 강세황의 꼼꼼한 필치와 회화 구성력을 확인할 수 있다.

89

해양 나열의 필적

해양(海陽) 나공(羅公)[1]은 시는 소릉(少陵, 두보)을 으뜸으로 삼고, 글씨는 왕우군을 본받아, 그 필법은 차라리 거칠고 투박할지언정 아름답게 꾸미지 않았으며, 도도할지언정 비루하지 않았고, 고졸할지언정 화려하지 않았다. 선친과 어울리기를 좋아하여 수창할 때마다 직접 글씨를 쓰곤 했기에 우리 집에 남아 있는 묵적이 많다.

공의 풍채는 맑고 꼿꼿하여 바라보면 마치 학과 같았다. 짧은 편지는 더욱 읽을 만하여 몽당붓과 보잘 것 없는 종이로도 고아함을 더했으니, 공의 글씨를 하나의 서체로 규정할 수 없지만 예학명체에서 터득한 것이 특히 많다.

1 나열(羅烈, 1731~1803)을 말한다. 자는 자회(子晦), 해양(海陽)은 그의 호이며, 본관은 안정(安定)이다. 나만갑(羅萬甲)의 5대손으로, 교관(敎官)을 지낸 나삼(羅蔘)의 아들이며, 벼슬은 도정(都正)을 지냈다. 동생 나걸(羅杰, 1735~1780)과 함께 형제가 나란히 시문으로 문단에 이름을 알렸으며 글씨도 잘 썼다.

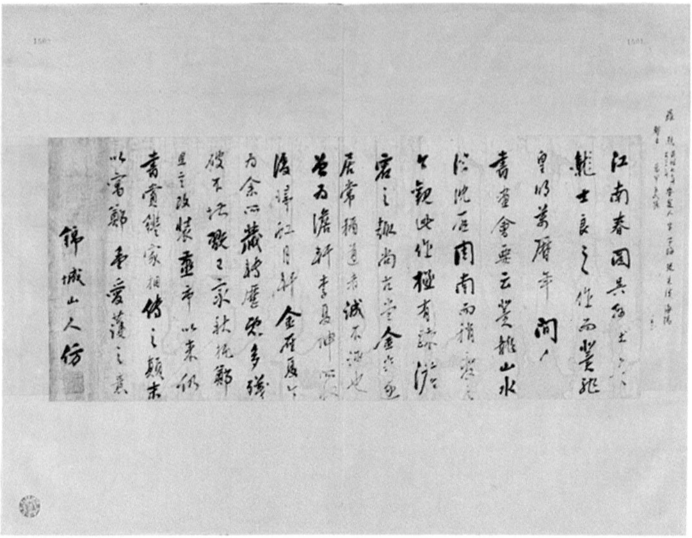

나열의 편지

18세기경, 51.4x22cm, 성균관대학교 박물관 소장.
필체가 노련하고 힘차며 풍성하다.

90

월촌 나걸의 묵적

나월촌(羅月村)의 이름은 걸(杰)로, 자는 중흥(仲興)이며, 해양공의 막내 동생이다. 공의 할아버지 동현공(洞玄公, 나준[羅浚])은 성격이 호탕하고 인품이 뛰어났다.

전에 삼연(三淵, 김창흡)을 방문하여,

창량한 구름 산봉우리에서 나오고, 蒼凉雲出峀
황백색 국화 뜰에 드리웠네. 黃白菊垂庭

라는 시를 지으니, 삼연옹이 크게 칭찬하였다.

장자인 익위공(翊衛公, 나삼[羅蔘])은 학식이 깊고 풍부해 장헌세자(莊獻世子)의 궁관(宮官)[1]이 되었으며 보필을 잘한다고 알려져 계방(桂坊, 세자 익위사)으로 오랫동안 재직하였다. 집이 과천에 있었는데 숙직할 때마다 섶을 실은 소를 타고 도성으로 들어가니 계방의 미담으로 전해진다.

해양공은 어려서 아주 노둔하여 부친이 몹시 엄하게 독려하였고, 월촌공은 본래 명민하여 막히는 것이 없어 가르칠 것이 없었다. 형

1 장헌세자(莊獻世子)는 영조의 아들이자 정조의 아버지인 사도세자를 가리키며, 궁관은 동궁(東宮)에 소속되어 있던 벼슬아치이다.

제가 성장하여 모두 명성이 높았으며 우애도 지극하였다. 월촌은 과천의 선영 근처에 살았고 해양은 도성 동쪽에 살았다. 월촌이 방문할 때마다 해양공은 차마 헤어지지 못하여 함께 숭례문 밖까지 왔고, 월촌 또한 차마 헤어지지 못하여 도성 동쪽의 거처로 함께 돌아가곤 했는데, 그러기를 몇 차례 반복하였다.

월촌공은 세상일에 관여하지 않고 자못 예법에서 자유로워 초연하였지만 이처럼 아우 된 도리를 다하는 것을 좋아하였다. 연경에 간 적이 있었는데, 중국의 뛰어난 선비들을 만나기를 기대하였다. 그러나 연경 사람들은 모두 경박하고 사치스러운 것을 좋아하는데다 남을 거스르지 않으며 연약한 것을 즐거워하였기에, 끝내 그런 선비를 만나지 못했다. 귀국한 뒤 해양공과 함께 무주(茂朱)의 산속에 은거하였고, 충청도에 있는 친구를 찾아 갔다가 갑자기 병이 들어 죽었다. 그의 필적은 해양공과 같은 수준이었으나 장수하지 못했기 때문에 노련하고 힘차며 풍성한 면은 해양공보다 못하였다.

선친이 연행길에 있던 공을 방문하여 연행할 때 쓸 물품 등을 주고 전별하니, 공이 시를 지어 사례하였다. 시가 매우 맑고 고결하여 비록 잠깐 동안 붓을 휘둘러 쓴 글씨이지만 격식과 필력이 매우 웅장하였다. 공은 《필경(筆經)》을 저술하였는데, 선친께서 그 서문을 쓰셨다.[2]

2 성대중의 《청성집》 권5에 〈나중홍필경서(羅仲興筆經序)〉가 있다.

91

수헌 서무수의 필적

우리 집에 서무수(徐懋修)[1] 공이 쓴 두공부의 〈이조팔분(李潮八分)〉 시와 한창려의 〈석고가(石鼓歌)〉가 있고, 또 공이 도연명의 〈도화원(桃花源)〉 시를 베껴 쓴 것도 있다. 마치 예법을 숭상하는 선비처럼 필법이 고상하고 수려하여, 그것을 펴 보면 들뜬 마음이 저절로 가라앉았다.

나는 공에게 문안을 드린 적이 있는데, 공은 이때 막 안에서 식사를 하시다가 그대로 밥을 들고 나왔으니 참으로 다정하였다. 필법을 아주 자세하게 논하였고 앉은 자리에는 한 점의 먼지도 없었으니, 참으로 참봉(參奉) 이광려(李匡呂)[2]의 시에서 말한,

고을에 서씨 성 가진 재상,	郡中有徐宰
깨끗하기가 옥수라네.	皎然當玉樹[3]

---

1 서무수(徐懋修, 1716~?)의 자는 중욱(仲勖), 호는 수헌(秀軒), 본관은 달성이다. 영의정 서종태(徐宗泰)의 손자이며 좌의정 서명균(徐命均)의 아들로, 단양부사를 지냈다. 부자가 모두 글씨를 잘 썼는데 백하 윤순의 문하에서 배우고 이광사(李匡師)와 함께 의발을 전수받았다.

2 이광려(李匡呂, 1720~1783)의 자는 성재(聖載), 호는 월암(月巖)·칠탄(七灘), 본관은 전주이다. 인품이 훌륭하고 문장이 뛰어나 사림의 존경을 받았다. 그의 문장에 대해서 이만수(李晩秀)는 "국조 300년의 문교를 받아 이광려 선생을 낳았다."라고 하여 높이 평가했다. 저서로 《이참봉집(李參奉集)》이 있다.

라는 것과 같았으니, 아직도 그 분을 잊을 수 없다.

---

3 이 시는 이광려의 《이참봉집》 권1에 〈강행서사 차당인절구운(江行書事次唐人絕句韻)〉이라는 제목으로 수록된 5언절구 50수 중 제24수이다. 여기서 옥수는 훌륭한 인물이나 자제를 가리키는 것으로, 할아버지인 영의정 서종태와 아버지인 좌의정 서명균의 뒤를 이어 서무수 또한 뛰어난 인물임을 비유한 것이다.

92

설옹 유후의 필적

설옹(雪翁) 유공(柳公)[1]의 필적은 조자앙을 모방하여 나이가 들수록 더욱 신묘하였다. 일찍이 선친을 위해 평소에 지은 시 한 권을 직접 써서 주었는데, 매우 아름답고 꾸밈이 없어 보배로 여길 만 하였다.

공은 늘 소를 타고 다녔는데 술 한 병을 소뿔에 걸고 자신이 지은 시를 낭랑하게 읊조리며 도봉산 아래를 지나다니곤 했다. 우의정 조재호(趙載浩)가 이 모습을 보고 남다르게 여겨 천거하여 북부참봉이 되게 하였다.

얼마 후 파직되어 도봉의 옛집으로 돌아오면서 다음 시를 지었다.

도성문 동쪽으로 나와 백리 못 되어, 東出都門未百里
산은 푸르고 물은 맑으니 여기가 내 집이로다. 山青水白是吾家

여든이 넘도록 흰 수염에 빰이 붉어, 바라보면 마치 신선세계 사람 같았다.

1 유후(柳逅, 1690~1780)를 말한다. 자는 자상(子相), 호는 취설(醉雪), 본관은 전주이다. 1721년(경종 1) 식년시에 합격하여 1748년(영조 24) 무진사행의 서기로 종사한 바 있다.

원교 이광사의 필적

원교(圓嶠) 이광사(李匡師)[1]는 어려서 백하 윤순에게 글씨를 배웠는데, 격조와 필력은 그보다 뛰어났다. 집안의 죄에 연좌되어 북쪽 변방으로 유배되었다가 다시 남해의 섬으로 이배되었다. 원교는 재주가 뛰어났지만 침울하고 곤궁하여 평안치 못한 기운이 글씨에 그대로 드러났기 때문에 지나치게 기이하고 거칠다. 시 역시 웅장하고 막힘이 없었으니 〈녹각침(鹿角枕)〉[2] 시를 짓고 직접 글씨를 쓴 몇 장이 세상에 전해진다. 당시 비문의 글씨는 대부분 그의 손에서 나왔다.

내가 우의정 이태좌(李台佐)의 비문을 본 일이 있는데 아주 훌륭하여 한·당 시대의 여러 비석에 견주어도 부끄러울 것이 없었다. 일찍이 그는 상자에 가득한 글씨를 첩에게 주어 생활하도록 해주었다. 원교가 약산도(藥山島)에서 죽자, 그 첩이 글씨를 판다는 소식을 들은 사람들은 다투어 높은 가격으로 사들여 마침내 세상에 널리 전해지게 되었다. 남쪽 사람들 중에 그의 서법을 모방한 이가 가장 많았다.

---

1 이광사(李匡師, 1705~1777)의 자는 도보(道甫), 원교(圓嶠)는 그의 호이며, 본관은 전주이다. 1755년(영조 31) 나주벽서사건(羅州壁書事件)으로 큰아버지 진유(眞儒)가 처벌될 때 연좌되어 함경북도 회령(會寧)에 유배되었다가 진도(珍島)로 옮겨졌으며, 다시 전라남도 강진군 약산도로 유배되어 1777년에 세상을 떠났다. 윤순에게 글씨를 배워 진(眞)·초(草)·전(篆)·예(隷)서에 모두 능하였고 원교체(圓嶠體)라는 독특한 필체를 이룩하여 조선의 서예 중흥에 크게 공헌하였다.

2 이광사의 《원교선집(圓嶠選集)》 권2에 5언고시 80수가 수록되어 있다.

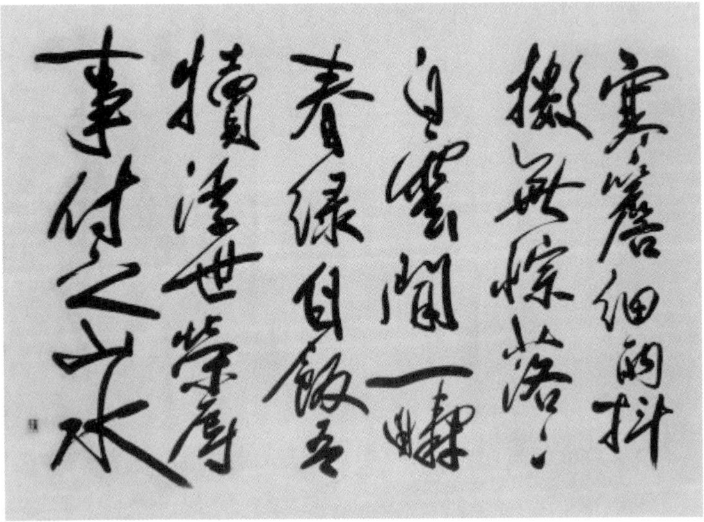

이광사의 글씨

18세기경, 종이에 먹, 66x105cm, 서울대학교 박물관 소장.

이광사가 쓴 4언시로, 격조와 필력이 뛰어나며, 마치 춤을 추는 듯한 느낌을 준다. 오랜 유배지 생활로 인해 침울하고 곤궁한 기운이 글씨에 드러나 지나치게 기이하고 거칠다는 평이 있다.

다시, 성교서

《성교서》는 매우 훌륭하고 신묘하여 왕우군의 필의와 맞지 않다 하더라도 해서의 필법을 보여주기에는 충분하다. 다만 신운(神韻)을 얻지 못하고 체재만 모방한 탓에 마치 옻칠한 캄캄한 통에서 목욕하는 것처럼 스스로 용렬한 습속에 빠졌다.

나는 지계 송재도 공의 서실에 놀러갔다가 진적(眞蹟)의 화법(畫法)을 보게 되었는데 진짜 옥루흔(屋漏痕)[1]이었다. 안으로는 간결하고 날카로움을 머금고 있으며 밖으로는 소탈하고 맑은 기운을 내보였으니, 원나라와 명나라 이후에 새겨진 것이 아니었다. 지금 듣자니 유실되어 어느 집에 있는지 모른다고 한다.

저하남(褚河南, 저수량)이 쓴 《성교서》도 보았는데, 화려하고 아름다우니 이 또한 선본이었다. 왕엄주(왕세정)는 "집에 소장된 《성교서》의 필획은 쇠줄처럼 굳센 교룡 같다. 섬서성에서 가져온 한 장은 필체가 가볍고 약하여 말할 가치가 없다."라고 하였으며, 또 "영휘(永徽) 4년에 중서령(中書令) 신 저수량이 쓰다."[2]라고 하였다. 그런데 본전(本傳)을 살펴보면, 영휘 4년에 저수량은 중서좌복야(中書左僕

---

1 초서체의 하나로 붓을 휘두름에 장봉(藏鋒)하는 것을 말한다.

2 이 글은 왕세정의 《엄주사부고(弇州四部稿)》 권135 〈저서성교서기(褚書聖教序記)〉에 수록되어 있다.

射)였으니, 아마 후인이 덧붙인 듯하다.

내가 본 것은 섬서성본이었으나 전아하고 필법이 살아 있으니 가볍고 약하다고 단정해서는 안 된다.

95

조맹부가 쓴 〈주금당기〉

위공(魏公) 한기(韓琦)[1]는 재상으로서 상주(相州)에 주금당(晝錦堂)을 세웠고, 당시 참정(參政)이던 문충공 구양수는 〈상주주금당기(相州晝錦堂記)〉를 지었으며, 삼사사(三司使)였던 충혜(忠惠) 채양(蔡襄)[2]은 글씨를 썼다. 나는 아직 그것을 보지 못했는데, 지금 《엄주집(弇洲集)》을 살펴보니 다음과 같은 내용이 있었다. "채양의 붓놀림을 보면 특히 힘차면서 수려하여 청신(淸臣, 안진경)과 성현(誠懸)[3]의 사이를 넘나들었다." 그의 글씨가 반듯하고 중후하며 대단히 전아하고 모범적이라는 것을 알 수 있다. 또 조문민이 쓴 글씨 한 점이 있었으니, 자태가 매우 훌륭하여 필획[4]이 모두 난과 대나무가 뻗어나가는 듯한 모습이다. 흰 명주는 종종 바래지만 묵적은 흐려지지 않아 필법을 알아볼 수 있으니, 참으로 진기한 완상물이라 하겠다. 이것이 영의정 척재(惕齋, 이서구)의 서실에 있는 것을 내가 보았다.

---

1 한기(韓琦, 1048~1075)는 송나라 영종(英宗) 때 우복야(右僕射)로 위국공(魏國公)에 봉해졌고, 대책(大策)을 정하여 사직을 안정시키는 데 공이 컸다.

2 채양(蔡襄, 1012~1067)은 자는 군모(君謨), 송나라 선유(仙遊) 출신으로 시문에 뛰어나고 역사에 밝았으며, 글씨를 잘 써 소식·황정견·미불과 함께 송나라의 4대가로 꼽혔다. 시호는 충혜이다.

3 유공권(柳公權, 778~865)을 말한다. 성현(誠懸)은 그의 자이며, 섬서성 휘현(輝縣) 출신이다. 해서에 능하고 공부상서를 역임하였다. 위로 위진(魏晉)을 따르고 아래로는 제자(諸子)의 서예를 배웠으며 안진경의 영향도 받았다. 그래서 진나라 사람들의 강하고도 아름다운 특징과 안서의 웅장한 풍격을 바탕으로 자신의 풍격을 창조했는데, 이를 유체(柳體)라고 한다.

4 원문은 '파화(波畫)'인데, 파획은 절파(折波)와 횡획(橫畫)으로 보통 필획을 이르는 말이다.

동기창의 글씨
11세기경, 종이에 먹, 28x310cm, 대만 고궁박물관 소장.
송나라 재상 한기가 상주에 주금당을 세우자, 구양수가 〈상주주금당기〉를 짓고, 채양이 글씨를 썼다. 이는 동기창이 쓴 〈주금당기〉이다.

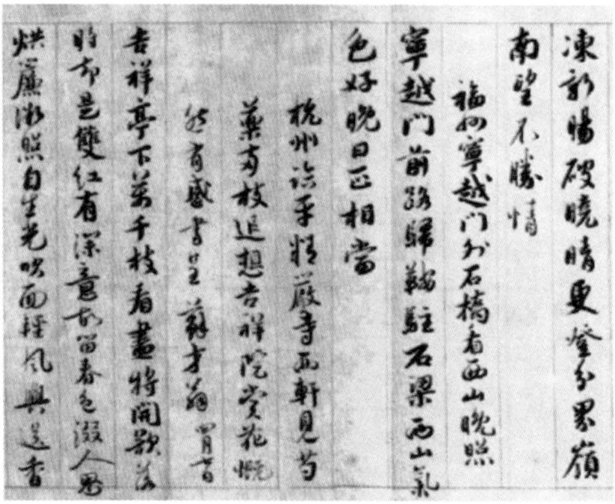

채양의 글씨
11세기경, 종이에 먹, 28.2x 221.2cm, 베이징 고궁박물원 소장.

악의론

황산곡(黃山谷, 황정견)이 "작은 글씨체로 쓴 〈악의론(樂毅論)〉은 실은 왕저(王著)[1]가 쓴 것이다."라고 말했던 내용이, 하원(何薳)의 《춘저기문(春渚紀聞)》[2]에 나온다. 그러나 신묘하고 힘차면서 반듯한 필체는 왕우군이 아니면 그렇게 쓸 수 없다. 예를 들면, 위엄 있는 봉황의 우뚝한 자태에 진귀하고 기이한 새들이 뒤질 수밖에 없는 것과 같다. 다만 탁본을 하면서 점점 본래의 맛을 잃어 신비한 용이 먹돼지[墨猪][3]가 된 형국이다.

나는 참판 이하진(李夏鎭)의 집에 소장된 고첩(古帖)을 본 일이 있는데 참으로 선본이다. 종이의 먹이 흐릿하고 음획(陰劃)은 마치 물들인 것처럼 황적색이니 오래된 작품이란 것을 알 수 있다.

또 영의정 이재협(李在協)의 집에 소장되어 있는 작품도 선본이긴 하지만 정밀함과 완벽함에서는 오히려 이것에 미치지 못한다고 들었다.

---

1 왕저(王著, 928~969)의 자는 성상(成象)이며, 북송 단주(單州) 단보(單父) 출신이다. 지공거(知貢擧)·한림학사(翰林學士) 등을 역임하였다. 사람과 잘 사귀었고, 후진을 적극 밀어주어 사대부들의 칭송을 받았다.

2 송나라 하원(1077~1145)이 편찬한 책으로, 잡기(雜記) 5권, 동파사실(東坡事實)·시사사략(詩詞事略)·잡서금사(雜書琴事)·기연(記硯)·기단약(記丹藥) 각 1권으로 총 10권이다.

3 획이 굵기만 하고 서투른 글씨를 말한다.

97

조맹부의 초서 천자문

나는 내각 아전 김의현(金義鉉)을 통해 조문민(조맹부)이 쓴 천자문을 본 적이 있다. 행서와 초서가 굳세고 아름다워 왕우군(왕희지)의 필의가 많으니, 조문민의 이런 필법은 정말 훌륭하다. 우리 집에도 조문민의 천자문이 있는데 필체가 정교하며 자연스럽고 대범하여 조문민의 평소 글씨와 많이 다르니 아마 변체인 듯하다.

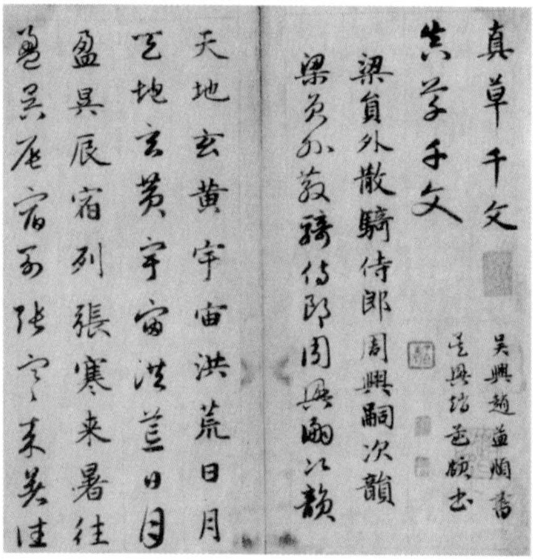

조맹부의 천자문
조맹부의 진초천자문(眞草千字文, 해서와 초서 두 가지 서체로 쓴 천자문)은 고려 말엽 유입되어 조선 전기까지 크게 유행하였다. 글자의 짜임이 조화롭고 운필이 강하면서도 유연한 느낌이 든다.

오도자의 그림

한석봉이 중국인을 위해 그 선친의 비문을 써준 일이 있는데, 그 사람이 오도자(吳道子)[1]가 그린 용과 호랑이 그림을 한석봉에게 선물하였다. 한석봉이 죽은 뒤 이 그림은 오죽남(吳竹南)[2]에게 갔고, 오죽남은 다시 병조판서 윤심(尹深)에게 전하였다. 나중에 다시 오씨에게 돌아갔는데, 오씨는 다른 사람들이 빌려갔다가 결국 없어지게 될까 염려하였다. 그래서 집안에 재앙이 많아 다시 연경의 동악묘(東嶽廟)에 걸어두었는데 자취가 모호해졌다고 거짓말을 했으나 사실 그림은 오씨 집안에 있었다고 한다.

오도자의 그림은 우리나라에도 2본이 있다. 하나는 죽산김씨 집안에 있는데 검은색 얇은 비단에 이금(泥金)[3]으로 그린 초충도(艸蟲圖) 10폭 그림이다. 다른 하나는 황해도 금사사(金沙寺)에 있으니 16폭 모두 화리(花梨)[4] 바탕에 비단으로 만들어 보관하였다. 전에는 20폭

1 오도현(吳道玄, 680~759)을 말한다. 도자(道子)는 그의 자이며, 하남(河南) 양적(陽翟) 출신이다. 특히 산수와 불상에 독보적이다.

2 오준(吳竣, 1587~?)을 말한다. 자는 여완(汝完), 죽남(竹南)은 그의 호이며, 본관은 동복(同福)이다. 1618년(광해군 10) 문과에 급제하고 판중추부사(判中樞府事)로 사자관(寫字官)에 차출되었다. 문장에 능하고 글씨도 잘 썼다. 병자호란 때 삼전도비(三田渡碑)의 글씨를 썼는데, 이 일로 한을 품고 죽었다고 한다.

3 금가루를 아교에 녹인 것을 말한다.

4 자단(紫壇)의 목재로 붉은 빛을 띠며, 결이 곱고 몹시 단단하여 건축, 가구, 미술품 등의 고급 재료로 많이 쓴다. '화려(華櫚)'라고도 한다.

이 전부 있었지만 누군가 훔쳐가 이것만 남았다.

예전에 주자가 소동파의 〈사보살각기(四菩薩閣記)〉를 논하면서 구양수의 〈능계석기(菱溪石記)〉만 못하다고 하였는데, 두 작품 모두 남의 물건을 가져가지 말라고 사람들에게 훈계한 점은 똑같다.

소동파의 글은 자손들에게 온전하게 보존하는 어려움에 대해 당부한 것으로, 그 내용이 절실하였다. 구양수의 글은 부귀의 덧없음에 대해 당부한 것으로, 그 내용이 완곡하였다. 그런데 사람을 감동시키는 깊이는 소동파가 구양수의 경지에 한참 못 미친다.

후세 사람들이 이것을 알았기 때문에 김씨 집안에서 보관하던 것을 대대로 지킬 수 있었고, 금사사에 보관된 것도 영원히 보존될 수 있었던 것이다.

연광정 편액

육우인(陸友仁)[1]의 《연북잡지(研北雜志)》에 이런 내용이 있다. "진릉(晉陵)의 부자 승씨(承氏)의 아들이 집에 미원장(미불)이 쓴 '제일산미불식(第一山米芾識)'이라는 여섯 글자가 새겨진 기이한 돌을 가지고 있었다. 승씨의 아들은 '불(芾)'자가 '비(費)'자와 음이 같아 좋지 않다 여기고 때려 부수어 반쪽만 겨우 남았다."

이것을 누가 본떠서 썼는지 모르겠는데, 평양의 연광정(練光亭)에 걸려 있으니 웅장하고 아름다움은 비교할 데가 없다.

난우(蘭嵎) 주지번(朱之蕃)이 우리나라에 사신으로 와서 글자 사이에 '강(江)'자를 써 '제일강산(第一江山)'이라는 커다란 네 글자를 만들었는데, 글자는 아름답지만 남궁(南宮, 미불)의 글씨와 비교할 때 한참 못 미친다.

백하 윤순도 이 커다란 네 글자를 써서 걸었는데 주지번의 필체에도 못 미친다. 또 단양의 구담정(龜潭亭) 위에 원교 이광사가 쓴 커다란 네 글자를 새겨서 걸어두었는데 이 역시 웅장하고 힘차다.

---

1 육우(陸友, ?~?)를 말한다. 우인(友仁)은 그의 자이고, 호는 연북생(硯北生)이며, 원나라 평강로(平江路) 출신이다. 시를 잘 지었고, 특히 5언율시에 뛰어났으며, 예서와 해서에도 능했다. 우집(虞集)과 가구사(柯九思) 등이 천거했지만 발탁되지 못하자, 남쪽 오(吳) 땅으로 돌아가 방 이름을 지아재(志雅齋)라 하고 고금의 명집(名集)과 도사(圖史)를 모아 놓고, 손님이 찾아오면 차를 끓이고 청담을 나누기를 즐겼다. 저술로 《연북잡지(硯北雜誌)》와 《묵사(墨史)》 등이 전한다.

100

한수재 권상하의 묵적

한수재(寒水齋)[1]는 성품이 겸손하고 온후하며, 산림에 은거하여 도를 강론할 때 뛰어난 재능이 드러났으며, 문장도 아주 훌륭했다.

나는 단양의 상선암(上仙巖)에 갔다가 수일암(守一菴)에 이르러 한수재가 써놓은 네 구를 본 적이 있다.

아름다운 영지여,	煌煌靈芝
한 해에 세 번이나 피었네.	一年三秀
나는 홀로 무얼 했나,	余獨胡爲
뜻을 두었지만 이루지 못했구나.	有志不就

필획이 가늘지만 힘이 있어 마치 대나무를 쪼갠 듯한 기세이니 산사(山寺)를 압도하는 작품이라 할 만하다. 다만 일 년이라는 글자를 빼고 읽으면 운당포(篔簹鋪) 벽을 보고 느낀 감회[2]가 있는 듯하다.

골짜기 산수의 이름은 한수재가 명명한 것이 많다.

---

1 권상하(權尙夏, 1641~1721)를 말한다. 자는 치도(致道), 한수재(寒水齋)는 그의 호이며, 본관은 안동이다. 송시열의 학통을 이은 노론 계열로, 인간과 동식물의 본성이 다르다고 주장하는 인물성이론(人物性異論)을 지지하는 호론(湖論) 입장을 취했다.

2 주자가 순창(順昌)을 지나가는 길에 운당포에서 쉬다가 벽에 적힌 이 시를 보고 자신의 뜻과 같다며 비통해 하였다고 한다.

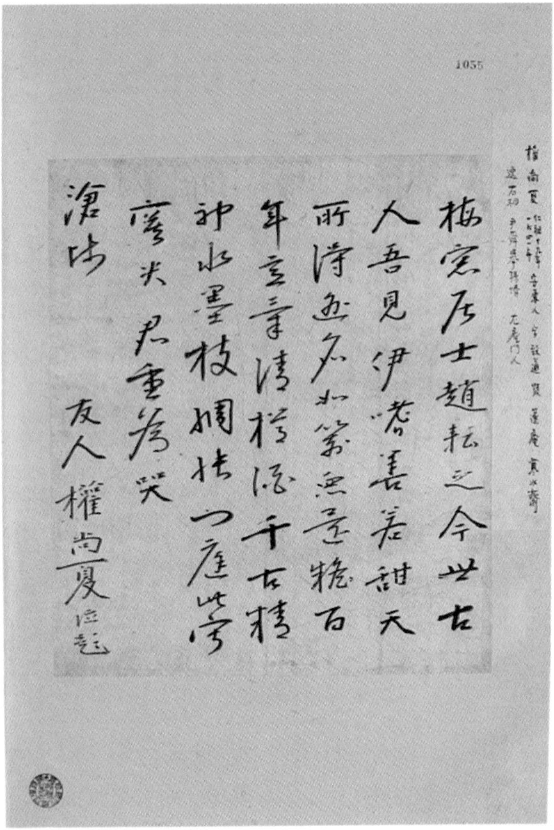

《묵적》 중 권상하의 시
18세기경, 종이에 먹, 22.7×27.5cm, 성균관대학교 소장.

101

율곡 이이의 묵적

황강(黃江)[1]의 한수재(寒水齋)는 문순(文純, 권상하) 선생이 거처하던 곳이다. 한수재에 작은 상자가 있는데, 율곡 선생께서 직접 초안한 《경연일기(經筵日記)》 3권이 보관되어 있다. 생각건대 선생은 파산(坡山)의 산속에서 이 책을 초안할 때 필찰에 어려움을 느껴 당시 난보(爛報)[2]를 활용하여 글의 초안을 잡았던 듯하다. 뒷면은 모두 작은 글씨로 쓴 행초서인데 뛰어난 인품이 잘 드러나 흠잡을 데 없이 자연스러워, 마치 엄한 스승이 곁에 있는 것처럼 나도 모르게 공경심이 일어났다. 이것은 우옹이 한수재에게 준 것이니 이로써 도통(道統)이 전수되게 되었다. 또 상자 안에는 자운서원(紫雲書院) 묘정비(廟庭碑)[3] 초본이 있는데, 바로 백사 이항복과 사계 김장생이 직접 써서 서로 주고받은 것이다. 우옹이 초안한 자운비(紫雲碑) 한 본도 사계에게 질정을 받은 것으로 메모한 찌가 아직까지 남아 있다.

---

1 경상남도 거창과 합천군을 거쳐 낙동강으로 흘러드는 강이다.

2 조선 시대 승정원에서 처리한 사항을 매일 아침 서리(書吏)가 베껴서 소속 군사로 하여금 조정의 관원들에게 배포케 하는 통보(通報)로서, 조칙을 비롯하여 장주(章奏)와 묘당(廟堂)의 결의 사항, 서임(敍任) 사령, 지방관의 장계 등을 내용으로 하고 있다. 조보(朝報)라고도 한다.

3 자운서원은 경기도 파주시 법원읍 동문리에 있는 서원으로, 1615년(광해군 7) 율곡 이이의 학문과 덕행을 기리기 위해 창건되어 1650년(효종 1) 자운이라는 사액을 받았다. 묘정비는 1683년(숙종 9) 율곡의 덕행을 추모하여 자운서원에 세운 것으로 당대의 명필 김수증이 예서체로 썼다.

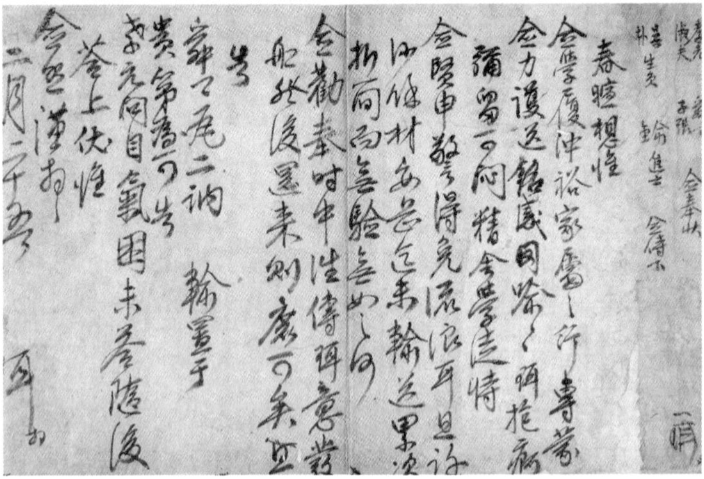

이이의 편지
16세기경, 종이에 먹, 27.2×38.5cm, 국립중앙박물관 소장.

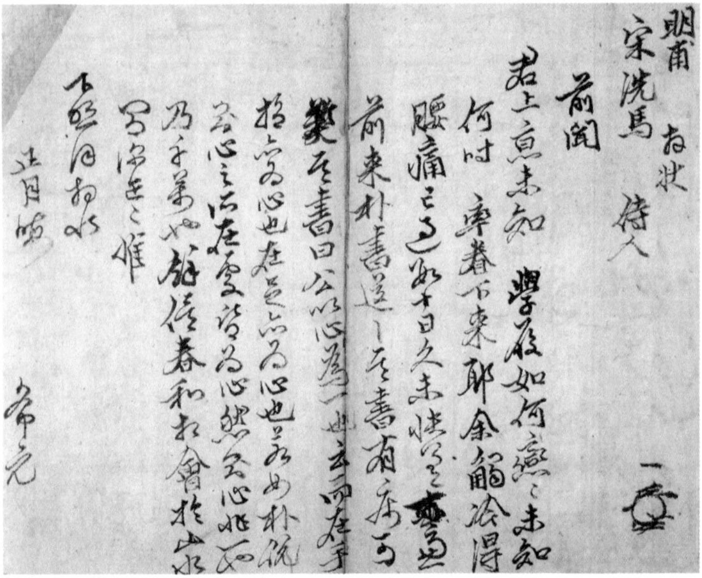

김장생의 편지
17세기경, 종이에 먹, 28.2×35.7cm, 국립중앙박물관 소장.

수운정 편액

수운정(水雲亭)은 단양의 운암(雲巖) 위에 있으니, 서애(西崖) 류성룡(柳成龍)[1]의 정자이다. 안동에 있는 서애의 집과 그리 멀지 않아 매번 왕래하며 유유자적하였는데, 바로 이 때문에 탄핵을 받았다. 그가 자신을 변론하는 상소에서 "붉은 비탈 푸른 절벽도 탄핵문에 들어갔다.(丹崖翠壁, 亦入彈文者.)"라고 한 것이 이것이다.

수운정의 편액은 서애가 쓴 것으로 아름답고 전아하며 엄연함이 참으로 나라를 중흥할 명재상의 기상이다. 지금까지 류씨 집안에 보관되어 있다.

---

1 류성룡의 《서애집(西厓集)》 권1 〈운암바위에 쓰다(題雲巖石上)〉에 류성룡이 수운정을 소유하게 된 과정과 그에 대한 애정이 잘 드러난다. "단양 장림역(長林驛)에서 남쪽으로 6, 7리 정도 계곡을 따라 들어가면 운암이라는 곳이 있는데 경치가 매우 뛰어나다. 조신(曺伸)이 그곳을 거처로 삼아 '수운정'이라는 작은 정자를 지었으나 난리 후 버려두었기에 내가 호피 한 장을 주고 구입하였다. 하지만 조정에서 벼슬에 매인 몸이라 돌아가지 못한 채 부질없이 꿈속에서나 생각하고 정신만 노닐 뿐이었다."

103

능호 이인상의 전서

능호 이인상 공은 단릉(丹陵) 이공(李公)[1]과 함께 사군(四郡)을 자주 유람했는데, 단양의 산수를 가장 좋아하였다. 능호는 구담의 옥순봉 위에 다백운루를 지었고, 단릉은 고을 앞에 있는 시내 가에 우화루(羽化樓)를 지있으며, 또 사인암(舍人巖) 바위 사이에 서벽정(棲碧亭)을 지었다. 지금은 모두 무너지고 훼손되었지만, 선배들이 읊조리며 즐기던 자취가 선명하게 모두 남아 있어 그 분들을 잊을 수 없다.

사인암 위에는 단릉과 능호의 이름이 새겨져 있는데, 모두 옛 전서체로 능호의 글씨이다. 바라보면 기묘하고 강건하여 비록 이끼에 덮여 있지만 밝은 기운이 무성하다.

---

1 이윤영(李胤永, 1714~1759)을 말한다. 자는 윤지(胤之), 단릉(丹陵)은 그의 호이며, 본관은 한산(韓山)이다. 단양의 산수를 좋아하여 그곳에 집을 정하려고 단양산인이라 자호하고 이인상을 비롯한 당시 명류들과 교류했다. 예서와 전서에 뛰어나 이인상의 그림에 화제(畫題)를 많이 썼다.

백사 이항복의 필적

광해군 때 흉도들이 모후(母后)를 폐위하려고 하자[1] 백사(白沙) 이문충(李文忠, 이항복) 선생이 불가함을 건의하였다. 건의했던 내용의 초고를 정금남(鄭錦南)이 지은《북천록(北遷錄)》[2]에 베껴놓았으니, 의리가 굳세고 말이 엄중하였으며 필획 역시 굳건했다. 비록 탑본한 것이 참모습을 잃긴 했지만 나약한 이를 분발시키기에는 충분하다.

선생의 묵적은 후손가에 많이 있는데 기상이 호방하고 빼어나 평소 학문의 역량을 알 수 있다. 사람들이 보배로 여기고 감상하는 것이 어찌 다만 점획만 뛰어나서이겠는가?

---

1 모후(母后)는 선조의 계비인 인목대비(仁穆大妃)를 말하는 것으로, 1613년(광해군 5) 대북의 흉계로 서궁(西宮)에 유폐된 일을 말한다.

2 정금남(鄭錦南, 1576~1636)은 정충신(鄭忠信)을 말한다. 자는 가행(可行), 호는 만운(晩雲), 본관은 나주이다. 이항복이 그를 매우 아꼈으며, 그의 문하에서 사서(史書)를 배웠다. 이괄(李适)의 난이 일어나자 전부대장(前部大將)으로 적을 평정하여 금남군(錦南君)에 봉해졌다. 광해군 때 이항복이 인목대비 폐모론에 대해 간쟁하다가 함경도 북청으로 유배되자, 정충신이 그를 수행하며 기록한 책이《북천록(北遷錄)》이다.

105

상서석경

《개성석경(開成石經)》[1]은 서안부(西安府)에 있는데, 청음(淸陰, 김상헌) 선생이 그것을 얻어 실운산(室雲山)에 보관하였다. 그 후 차츰 구매하려는 사람이 생겼고, 지금은 서너 본이 남아 있다. 필체가 비록 아주 뛰어난 것은 아니지만 대체로 유공권(柳公權)과 안진경의 서체로, 모두 해서의 필법을 지니고 있다.

중제가 마을의 어느 집에서 빌려 왔는데, 그 사람이 싼 값으로 사들인 것 같았다. 처음에는 무늬 있는 비단으로 책 표지를 장식하여 매우 아름다웠으나 지금은 보잘 것 없는 솜씨로 권수(卷首)에 섞어 써서 어수선하고 더러워졌으니 애석할 뿐만이 아니다.

또한 집안의 자제들이 경전을 조심스럽게 열람하지 않아 이처럼 이리저리 흩어지고 손상되었다는 것을 충분히 알 수 있으니, 거듭 탄식할 만하다.

---

1 당나라 문종 태화 7년(833)에 현도(玄度)가 어명을 받고, 석경 자체(字體)를 정하여 9경과 《논어》·《이아》 등 도합 159권을 석각하여 개성(開成) 2년(837)에 완성하였으므로 《개성석경(開成石經)》이라 한다.

안기의 낙관

혜보 유득공이 연경에 갔다가 양봉 나빙을 방문하여 당나라 한황이 그린 〈회흘무녀도〉를 본 적이 있는데, 축의 말미에 조선인 안씨(安氏)의 인기(印記, 낙관)가 있었다. 안씨의 이름은 기(岐)이고 호는 녹촌(麓村)이다. 그의 가계는 조선에서 나왔으며, 옹정(雍正, 1723~1735) 연간의 인물이다. 동생 모(某)와 함께 고상한 취향이 있었으며, 대왕부(代王府)[1]에서 살았다. 양주(楊州)에서 소금 장사를 해서 모은 많은 양의 서화를 궁중에 바쳐 백금 1천 냥을 하사받았다. 그러나 그의 자손들은 너무 가난하여 다시는 그 기품을 회복하지 못했다.

또《화징록(畫徵錄)》은 청 건륭 초기에 장경(張庚)[2]이 지은 것으로 모두 청대 후기 화가의 작품이다. 예를 들면 명 왕조의 유민인 서소법(徐昭法, 서방[徐枋])과 운향산(惲香山) 등은 대부분 그림을 팔아서 먹고 살았기 때문에《화징록》에 그림이 편입되지 않은 것이 없었다.

또 삼한(三韓) 사람의 그림이 있으니 여유룡(呂猶龍)의 산수, 이세작(李世綽)의 산수·인물·화조·과일 그림, 최예(崔鐀)의 인물과 미인도, 변영예(卞永譽)의 여인과 화초그림 등의 경우 모두 품평하는 화

---

1 산서성 대동부(大同府) 대동현(大同縣)이다.

2 장경(張庚, 1685~1760)은 자는 부삼(溥三), 호는 공지간(公之干)·백저촌상자(白苧村桑者)이다. 왕휘(王翬) 문하의 우산파(虞山派) 화가로, 산수화를 비롯하여 화훼화와 백묘에 의한 세밀한 인물화도 그렸다. 저서에《국조화징록(國朝畫徵錄)》등이 있다.

제(畵題)가 있었다.

청나라 사람들은 요동을 가리켜 삼한이라고 하였는데, 삼한은 마한·진한·변한으로 전부 한강 이남에 있다. 예로부터 "진한은 백제이고, 변한은 신라이며, 마한은 고구려다."라고 한 최치원의 말이 전해진다.[3] 그러나 고구려는 실제로 대수(帶水)[4] 이남을 차지하고 있어 삼한과 무관하다.

《요사(遼史)》에 "성종(聖宗)이 고려를 쳐서 삼국의 유민을 사로잡고, 고려에 삼한현을 두었다."라고 했으나, 거란이 고려를 친 것은 한강 이북에 그쳤으니 어떻게 삼국의 유민을 사로잡을 수 있었겠는가. 예부터 삼한에 대해 논의한 이들은 많은데 제대로 변론하지 못했다.

---

3 《삼국사기》 권46 〈열전〉 6, 〈최치원전〉에 있는 〈상대사시중장(上大師侍中狀)〉에는 "마한은 고려이고, 변한은 백제이며, 진한은 신라이다.(東海之外, 有三國, 其名馬韓卞韓辰韓, 馬韓則高麗, 卞韓則百濟, 辰韓則新羅也.)"라고 되어 있다. 따라서 이 구절은 성해응이 잘못 기록한 것으로 보인다.

4 한강을 말한다. 한반도의 중간 허리 부분을 띠처럼 두르고 있다는 뜻에서 유래되었다.

107

참봉 이광려의 글씨

참봉 이광려(李匡呂)의 시는 아주 뛰어나 당시 유명하였으니, 필체가 웅건하고 두공부의 시를 쓰는 것을 좋아하였다. 나는 몇 장을 간직하고 있는데 필의가 맑고 고상하여 속세의 기운이라고는 전혀 없으니, 곧바로 훈채와 고기를 끊고 흐르는 시내 곁 고송에 펼쳐 걸어두고 보고 싶다.

108

자하 신위의 묵죽

자하(紫霞, 신위)의 묵죽은 세속을 초월한 정취가 있어 보기 좋으니 요컨대 근래 화가 중 최고이다.

정조께서 정사년(1797)에 합천군수 황운조(黃運祚)[1]에게 명하여 주자소(鑄字所)에 가서 《춘추(春秋)》의 경문(經文)을 쓰게 하셨다. 규장각 아전이 글씨 한 장을 부탁하자, 황공이 인색하게 말하기를 "나는 자네를 위해 글씨를 써줄 수가 없네."라고 하였다. 해양 나열 공이 그 이야기를 듣고 웃으며 말하기를 "원하는 사람이 있으면 그냥 바로 써주면 되지 어찌 그리 이렇게 자신을 중히 여긴단 말인가?"라고 하였다.

자하가 일찍이 승지가 되어 승정원에 있었는데, 마침 공이 자리에 앉자 여러 대신들과 승정원의 동료들이 다투어 부채를 들고 묵죽을 청하니, 이들에게 그림을 그려주며 거리끼는 낯빛이 없었다. 승정원의 하급 관리가 초주지(草注紙)[2] 한 장을 들고 옆에 있으면서 그림을 부탁하고 싶었지만 감히 하지 못하고 있었다. 자하가 돌아보고 웃으며 말하기를 "내가 어찌 당신에게만 인색하겠는가."라고 하고 바로

---

1 황운조(黃運祚, 1730~1800)는 어려서부터 학문과 서도(書道)에 힘써 이 분야에 일가를 이루어, 윤순·김상숙과 함께 강도 삼절(江都三絶)로 불리었다. 1797년(정조 21) 왕명에 따라 《통감강목(通鑑綱目)》과 《춘추좌전(春秋左傳)》의 '강(綱)'을 써서 올려 품계가 올라갔다.

2 주서(注書) 등이 왕명을 받아 초안을 잡는 데 쓰이는 종이를 말한다.

〈묵죽도〉
신위, 18세기, 종이에 먹, 국립중앙박물관 소장.

종이를 가져다가 대나무를 그려 주니, 사람들이 그의 화통함을 칭송하였다.

자하는 이름이 위(緯)이고 자는 한수(漢叟)이며, 나와 친하였다. 자하의 아들 명흡(命洽)도 그림을 잘 그렸는데, 호는 소하(小霞)이다.

109

봉래 양사언의 필각

영평(永平)의 금수정(金水亭)은 봉래(蓬萊, 양사언)의 별장으로 산수가 아름답고 빼어나다. 금수정의 편액도 봉래의 글씨이다. 봉래의 글씨가 바위에 많이 새겨져 있는데, 그중 경도(瓊島)[1] 주변에 새겨진 것이 더욱 훌륭하니 역시 직접 지은 것이다. 시는 이러하다.[2]

녹기금(綠綺琴)[3] 타는 소리, 백아의 마음이로다.	綠綺琴伯牙心
한 곡조 탈 때마다 다시 한 수 읊조리니,	一皷復一吟
종자기만 그 마음 이해하네.	鍾子始[4]知音
청량한 바람소리 먼 봉우리에서 일어나는데,	泠泠虛籟起遙岑
강가의 달빛 아름답고 강물은 깊어라.	江月娟娟江水深

시가 매우 맑고 속기가 없다.

봉래가 거문고 뒷면에도 이 시를 새겼는데 거문고의 재질은 그리 좋지 않았다. 그런데 봉래는 옛날부터 이름이 났기 때문에 이 거문

1 본래 북경의 고궁 서편 북해공원에 있는 황제의 궁원 안쪽 한 돌섬을 말하는 것으로, 양사언은 유서 깊은 경도가 여기 포천의 금수정 아래 바위라고 여겨 '경도'라는 휘호를 남겼다.

2 시의 제목은 〈증금옹(贈琴翁)〉으로, 금옹은 금수정의 주인인 김윤복이다.

3 한나라 사마상여(司馬相如)가 양왕(梁王)에게 하사받은 거문고이다.

4 저본에는 '시(是)'로 되어 있는데, 양사언의 《봉래시집(蓬萊詩集)》에 의거하여 '시(是)'를 '시(始)'로 바로잡아 번역하였다.

경도 임각
경기도 포천시 금수정 한탄강 상류 물 가운데 바위 위에 새겨진 양사언의 휘호이다.

고가 전에는 도위(都尉) 신광수(申光綏)의 집에 있었다가 지금은 어디로 흘러들어갔는지 모르겠다.

110

맹영광의 그림

맹영광(孟永光)[1]의 자는 월심(月心)이며 산음(山陰) 사람으로, 인물과 초상을 잘 그렸다. 요동을 떠돌다가 청나라를 섬겼고, 후에 청 황제를 따라 연경으로 들어갔다. 벼슬에 나아가는 것을 좋아하지 않았고, 그림을 그리는 것으로 궁중에서 시중들어 순치 황제(順治皇帝, 3대 황제 세조)의 총애를 받았다.

잠곡(潛谷) 김공(金公, 김육(金堉))이 사신으로 심양에 갔을 때 맹영광이 초상화를 그려주었는데 실물과 매우 비슷하였다. 그의 집안에 전하는 이 그림은 노인이 지팡이를 짚고 홀로 서 있는 모습으로 아주 섬세하고 치밀하여 감상할 만하다.

---

1 맹영광(孟永光, 1590~1648)은 자는 월심(月心), 호는 낙치생(樂痴生)·정명(貞明), 절강성 회계 출신이다. 손굉(孫宏)에게 그림을 사사하였고, 인물화와 초상화를 특히 잘 그렸으며, 세필의 공필화(工筆畫)와 호방한 필법의 절파풍의 작품을 남겼다. 1645년에 소현세자를 따라 우리나라에 와서 3년간 머물다 돌아갔다. 이때 봉림대군, 인평대군, 김상헌, 이징 등과 교유하였다.

원문

1. 葉有道碑跋

余家蓄李北海所寫葉有道國重碑, 國重以仙術名. 碑文誠古雅, 筆體遒勁, 逸趣橫生, 此乃日本人韓天壽所模刻.

漢·唐碑版, 多流入日本, 翻刻者多瘦勁精工, 勝於中州搨本之笨者.

史稱邕素負材氣頗矜衒, 爲姚崇·張說所嫉, 竄斥于外. 討嶺南賊有功, 轉諸州刺史, 此碑乃其刺括州時所寫也. 後爲李林甫所構殺. 夫士之材矣而有節者極難得, 邕誠有材有節者也. 當其折二張之勢, 處卑位而伸直論, 犯危禍而詆嬖臣, 其人豈碌碌者哉? 其死也, 又因林甫欲動肅宗計也, 不亦關宗社哉?

然材高而輕人, 名重而忤世, 未嘗不受禍, 豈獨李北海乎?

2. 神禹碑跋

楊用修云: "古今名士稱述衡山禹碑者不一, 然劉禹錫·韓昌黎皆未見. 晦翁·南軒遊南嶽, 尋訪不獲."

王象之《輿地紀勝》云: "碑在岣嶁峯, 又傳在雲密峯, 昔樵人見之. 宋嘉定中, 蜀士引樵夫至其所, 以紙打碑七十餘字, 刻于夔門觀中, 後俱亡." 近張季文僉憲, 自長沙得之云. 是宋嘉定中, 何致[1]子一摹刻

---

1 致 : 양신(楊愼)의 《승암집(升菴集)》에는 '政'으로 되어 있다.

于嶽麓書院者."
顧亭林云: "自韓以前, 未見此碑. 何子一始得之祝融峯下, 手摹以傳後, 及衡山令搜訪, 已迷其處. 今所稱禹碑, 字奇而不合法, 語奇而不中倫, 韻奇而不合古, 可斷其僞." 觀此兩說, 今所傳禹碑, 乃子一刻本也.
朗善君嘗之燕而得之, 其辭曰, 承帝曰嗟. 翼輔佐卿等句. 卽亭林所稱不中倫者也. 唐虞時. 何嘗有稱卿者耶? 他皆類推也.

3. 高麗恭愍王筆跋

映湖樓, 在安東府, 恭愍避紅頭賊, 詣安東時所書也. 筆勢雄麗, 非凡人筆也. 恭愍素有翰墨材, 翩翩可喜, 至於家國事乖亂失常, 卒爲洪倫所弑.
何不移翰墨材而治之也? 蓋莅大位而履萬幾者, 實亦無暇於翰墨, 翰墨豈人主事哉! 至若治成制定, 而有時寓意, 如杜工部詩所云: "政化平如水, 皇恩斷若神. 時時用抵戲, 亦未雜風塵." 者, 固何足議之? 然堯·舜·文·武之盛, 未嘗有此, 此卽技也, 非道也.

4. 題趙子昂墨迹後

高麗忠宣王婿於元, 久處燕中, 與元朝諸名士遊, 趙文敏最熟. 故文敏筆迹, 隨而東來者甚衆. 文敏法出於右軍. 然材勝於法, 故明媚可愛, 而開後來一種佻撻之法, 蓋亦品行不及右軍故也. 此書蘇長公〈赤壁賦〉, 秀發之氣, 悠揚不已. 殆欲稱其文, 卽文敏筆之尤佳者也.

5. 題蘇長公墨迹後

此書歐陽公〈醉翁亭記〉, 極其遒勁. 長公氣豪材雄, 其視千古, 鮮當其意, 況當時諸公乎?

然最推服歐公者, 不徒出其門下, 其平生雅望, 不可得以輕也. 歐公被錢明逸輩醜誣. 出刺滁州, 而最不忘滁州, 不徒〈醉翁亭記〉爲寫意, 且作〈醉翁吟〉於河朔之間, 以與沈遵, 君子風韻, 故自動人.

坡公所書亭記, 亦得意筆也. 余妄謂歐公在滁, 著〈醉翁〉·〈豊樂〉二亭記, 〈醉翁記頗〉有倣依公穀體, 不及〈豊樂記〉之雍容暇逸, 欣慨交作. 坡公又書豊樂記, 想其新雋翩翩, 恨未得見之.

6. 題日本牘後

先君子嘗從使事入日本, 其國才士多有贈序, 雖未能如唐·宋古文體裁, 然未嘗以功令業爲事, 故無陳腐意, 往往蕭散可讀.

如木弘恭·井潛·近藤篤·合離·周奎·淨王之屬, 其秀者也, 皆不及於竺常. 竺常者, 日本淡海郡人, 爲僧於平安山寺, 號蕉中, 其述鈴木傳藏獄事, 精工逼似柳子厚, 非近時作家所能及也.

日本海船通江浙, 故中國經籍, 流入最盛, 其所稱才士能倣成古經. 如孔安國《孝經傳》, 皇侃《論語義疏》輒欲亂眞, 以誑中國人, 蓋其材長於模擬, 而竺常之文, 獨能離此習, 自出杼柚, 誠奇材也.

7. 題仇十洲畵後

仇實父, 宋遺民也, 賣畵自給. 余嘗玩其所臨龔聖予畵水滸羣雄, 皆欲活動, 誠佳品也. 此幅畵張生與崔女長亭送別, 把手勸杯, 脉脉若不勝情者. 又文衡山書其後, 卽《西廂記》一遍也.

余嘗怪實父當華夷翻覆之餘, 感忿痛恨, 自放於聲色之除, 尙論者, 亦或悲其志也.

衡山好以名節自持, 身値盛際, 何故留心於淫冶嬌嬈而爲此乎? 誠君子之過也, 畵美人, 不畵許穆夫人莊姜, 而畵崔鶯鶯, 書古人詞, 不書劉向〈諫營昌陵疏〉及武侯〈出師表〉, 而書《西廂記》者, 何也?

8. 題東賢筆蹟後

余嘗閱家中舊蹟, 得退溪先生筆二幅·聽松先生筆一幅·玉山李公瑀筆一幅, 皆類其爲人.

退溪筆意高逸, 聽松筆意淸眞, 玉山筆意敦厚. 雖不必以筆逕體裁, 定其高下, 然望之翛然可敬, 如欲承謦咳於其側也.

安平大君筆十六字, 寫佛經者. 當時佛法盛行, 承麗朝之餘也. 安平書最多於佛經, 其幽麗秀逸, 要是貴人筆, 遊於法而不拘於法, 逸於氣而不縱於氣, 我朝書法, 當以安平爲宗.

黃孤山筆, 最徐緩, 少奔放意, 盖亦用工而至者, 但恨其少神逸.

梨川相公筆, 學蜀體甚佳, 名重當世. 今見家藏一幅, 濃潤秀逸. 雖與金南窓竝稱, 南窓殆不及也. 公當南漢被圍時, 以使事往來淸陣中, 而意在和而已, 不及乎他. 與崔遲川議異, 宜與張谿谷. 李澤堂同歸也.

李聽蟬志定, 素善艸書, 此帖不至甚放, 大勝於張東海之狂也.

吳竹南竣, 素學於石峯, 可謂高足. 然神氣不及石峯遠甚. 此幅亦極力模倣, 而頗得其�POS, 比他本過之.

9. 題華廟碑後

此唐武后時, 趙文淵所書八分, 頗怪奇可駭. 然其法躁, 其意拙, 類柔弱人强爲矜持, 示人以剛, 不足貴者. 意亦其時字體如此.

10. 題張遷碑後

張遷, 字公方, 陳留己吾人. 在東漢末, 令蕩陰, 有惠政. 黃巾之起, 獨以縣全, 盖可述也, 其故吏斂錢刻石, 其文未知出自何手, 翩翩可喜, 卽東漢碑版古法, 筆亦八分, 甚有法, 孔氏諸碑之流亞也.

11. 題右軍筆蹟後

此帖, 卽淳化殘帖, 失其全, 獨剩右軍書一卷, 卽桓公十月帖以下也. 先君子獲之于嶺南, 此本屢經模刻, 神明都喪, 然玩味詳閱, 追其點畫, 一二之妙, 亦有可得者. 雖糟粕之餘, 善知味者, 可辯其淳醨高下爾.

12. 題家藏淳化閣帖後

《淳化》帖得王著模最難, 我東有三本, 一在具承旨壽國家, 一在曺知事允亨家, 一則未知在何處. 余嘗見具氏所蓄, 卽三搨本之劣, 然神彩森然, 大過於近時所翻刻者.

蓋宋時最重此帖, 唯兩府拜日, 方被賜. 元祐中, 親賢宅諸王, 僅搨百本遺人, 然已不逮舊.

至靖康中, 遂委擲金人手. 然金人亦必蓄之, 豈無一二遺存, 而竟不得傳者, 似剗削磨泐爲用爾.

宋相畢士安, 自紀賜帖, 於淳化四年癸巳, 乃開雕初搨耳. 淸乾隆癸巳, 取於其後孫家重刻, 想其高出他本, 而恨不得一寓目也.

13. 題淸虛堂額後

淸虛堂, 卽僧休靜號也. 休靜, 在香山之內院, 退溪先生書其扁曰香山雲舍而遺之. 且題其下曰: "憂患中書額, 想蘭若景槪." 只欲少釋煩抱, 筆法縝密典重, 可見英華所發. 然大賢釋懷, 寧待蘭若景槪. 殆致悵佇之意故也.

又有石峯所寫淸虛堂扁, 精粹可法.

14. 題石陽正畵後

石陽正名霆, 字仲燮, 王孫也. 素善畵蘭·竹·梅. 壬辰亂後, 遭倭刃, 幾折臂僅續, 而猶益工畵. 此帖乃崔東皐所記.

且有詩識其下, 而我外先祖梨川相公書之, 可謂三絶. 此在外家, 多爲塵煤所涴. 故先君子具改裝贉而藏之. 東皐詩文, 具在集中.

15. 題坯窩帖後

坯窩金先生, 嘗居社稷洞, 書宗鍾王, 故典重古雅, 當時慕之爲稷下體. 晩歸結城之丙舍, 書尤精工高妙.

先君子以孤雲止水, 喩其品行, 筆亦如之. 此帖乃先生七十五歲, 書杜工部詩三篇, 以寄先君子者也, 蕭散之趣, 溢于筆墨之外, 卽其得意筆也.

16. 題景賢帖後

此帖, 乃濂溪·明道·伊川·橫渠·晦菴五先生遺像. 具書其贊於左, 其下方, 卽漢陰李相國筆也. 書贊未知出自何手, 或云董玄宰其昌筆, 然玄宰筆法秀逸, 豈得若是莊重? 漢陰素不以筆翰名, 然字畫甚工,殆以德業而掩也.

17. 題李玉洞筆後

李玉洞溆筆, 要以學勝. 尹白下淳, 得之而以姸媚變之也. 玉洞亦善琴, 家居抱川, 嘗遊縣南水源山之玉琴洞, 所以有玉洞號也.

此帖朱子詩及范浚〈心箴〉, 其筆意不甚拘法, 亦珍品, 自金穉圭所來.

18. 題楊蓬萊筆後

蓬萊楊士彦, 天資高逸, 筆法類非煙火氣, 似不由工力得. 此帖, 乃其贈花嵒尙宗師者也. 蓬萊筆, 當以楓嶽所刻, 蓬萊楓嶽元化洞天四大字爲儁. 楓嶽無佳題, 獨此筆與嶽勢爭奇.

19. 題普賢碑後

此碑在寧邊之妙香山普賢寺之後. 金富軾製, 文公裕書, 爲探密僧而設者也. 文甚偉麗, 筆亦秀逸, 然但跳盪如不羈之馬, 殆啓後來一種風氣. 蓋得之趙文敏者爲多.

20. 題尤翁筆蹟後

尤翁所寫, 雄偉莊重, 望之有泰山喬岳氣像, 此帖乃寫性理說也, 尤可敬玩.

余嘗過華陽洞, 觀杖几之迹, 俯仰有高山景行之想, 何減過闕里而徘徊不能去哉?

及過驪州淸心樓, 讀夜久月沈陵栢暗, 不知何處跪陳辭之詩, 又慨然興感於君臣之義云.

21. 題槎老詩帖後

槎川李公秉淵居嶽下, 少學詩淵翁, 壽至大耋, 詩格益蒼健, 著述甚富.

嘗宰安山, 曾伯祖嘯軒公, 方家居郡中, 與之甚熟. 先王考踈溪府君及叔祖廣齋府君, 唱酬頻仍.

時先君子方在髫齡, 以詩文爲贄, 公大加奬可, 題其卷曰: "開緘非我友, 又是二成名." 此帖皆屬吾家詩也, 筆亦眞意, 爛然可珍.

22. 題李凌壺尺牘後

凌壺公以名教自重, 發其餘爲詞翰. 篆籒皆逸氣縱横, 不可以區區筆家逕路拘之也. 東人篆法甚荒, 公創出新矱, 以符古法, 始開榛蕪.

最好遊丹陽山水, 凡厓壁間鐫刻殆遍. 又搆多白雲樓於龜潭之上, 將欲居之未果. 過者尙可以想其文采也. 此帖盡爲先王考裁寫, 粹語皆可讀, 何啻歐蘇簡牘也?

23. 題京山李公篆隷帖後

京山李公, 以篆隷名于我東, 以及中華遐外, 無不知公墨迹之可貴. 其法甚縝密, 至于高年, 益脫落浮華, 自進遒妙. 好習古篆鍾鼎體, 獨不習鳥跡蝌蚪之篆, 曰: "此怪妄不可師法."每爲人有所試筆, 亦書聖賢經傳, 程·朱格訓而已.

此帖公於辛亥中夏歸隱洞陰之山中, 霖雨經旬無聊, 寫杜工部朱晦菴詩數疊, 寄先君子秘省直中也. 常記公自控短驢遊京洛, 多主吾家. 文墨雅戲, 情好藹然, 久愈不能忘也.

24. 題鄭文寶模嶧山碑後

王弇洲云: "昔賢評徐散騎, 有字學而書法不能工. 所橅嶧山碑, 僅得其狀, 求所謂殘雪滴溜, 鴻鵠羣游之妙, 徒想像於荒煙榛草間.

此帖乃宋淳化四年, 鄭文寶模徐本, 而刻于長安故都者也. 夫其藍本, 尙不足珍, 况其出者耶! 弇洲不言文寶本, 想徒見徐本也.

25. 題石鼓文後

石鼓, 宋時自鳳翔移開封, 靖康中, 爲金人所取歸于燕. 元時始置文廟. 國子司業潘迪, 具有音訓, 計見存三百八十六字. 今考搨本, 益致磨滅, 能復支得幾千百年也.

其詩類風雅, 然不得與〈吉日〉·〈車攻〉諸詩登諸經者, 意平王東遷時, 干戈蒼黃, 有所遺失也. 此文又多古字難解. 想〈吉日〉·〈車攻〉, 亦類是而屢經考校, 始成今本. 先儒啓後之意, 亦深矣.

26. 題瘞鶴銘後

右〈鶴銘〉六十三字, 不知其所從來.

王弇洲云: "往焦山後崖得之, 僅數字." 然歐陽公《集古錄》, 載六百餘字. 宋邵樞密亢摹本, 載一百二十餘字. 又王士禛門人張弨搨本, 載一百十一字中, 雜宋人補刻三十二字. 弇洲所見不過數字, 則後弇洲之張生, 安得見許多字耶?

竊意自歐公所蓄, 卽亦移刻, 而非眞本也. 余見近時鶴銘, 詞冗筆膚, 都無神明. 余家藏摹本, 頗勁古, 最爲近眞.

27. 題趙子昂筆後

右刻本四疊〈海棠〉絶句, 翩翩有格外姿態, 想其縱毫灑迅秀發之氣, 不能禁也. 筆意亦似海棠初開, 迎人嬌艶, 芬馥可掬也.

28. 題坯窩書牘後

坯窩尺牘二卷, 皆與先君子往復者也. 造語玄悟, 雖片文隻字, 皆可寶也. 況相與之盛, 求之古人, 亦未易得乎? 又一帖晩年所書, 皆平日所爲人製者, 文甚古雅, 而帖中小字尤精工.

余嘗問筆法於公, 公曰"始於敬." 至今思之, 誠有味哉.

29. 題韓石峯千字文後

古人好寫周興嗣千字, 東俗教兒, 必先千字, 所以盛行于世者也. 余嘗見趙文敏所書千字, 甚精工可喜. 今得石峯所書, 雄奇殆欲掩文敏, 然此額體也.

俗傳李思龍, 在宣祖朝, 以寫字官有名, 與石峯俱奉命書千字. 上以石峯筆爲勝, 命刊行. 搨本已古, 芒角盡斂, 而遊鵾獨運之勢, 往往發露於隱約間也.

30. 題寶賢堂殘帖後

《寶賢堂帖》, 皇明晉靖王爲世子時所刻. 石理旣粗, 而摹刻搨三手, 俱不稱. 以此在《閣帖》·《絳帖》等諸帖下. 然弇洲嘗欲見古刻眞迹, 無一存者.

此帖不知何時流傳東方, 而搨本甚精, 要非屢經翻刻者也. 其殘帖第三四卷, 在余家右軍書中. 《極寒帖》·《追傷帖》·《毒熱帖》最妙, 而皆在此帖. 余日夕所以玩閱而不暫舍也.

31. 題家藏古迹後

家藏古迹, 有趙孟頫·董其昌·朱之蕃·呂思濬·阿克敦筆, 合爲一卷, 皆手墨如新, 尤可珍玩.

但松雪筆, 殊欠濃麗, 大非自家本色, 豈贗本亂之耶? 蘭堣小楷工妙, 但微傷婉弱. 玄宰行艸, 縈嫋有趣. 呂氏筆, 精密可法. 阿敦亦縱逸而頗遵法度, 誠藝苑之珍也.

32. 書曹娥碑後

曺娥碑佳本, 極難得. 今見行二本, 一肥本也, 一瘦本也, 肥本爲勝. 余家所蓄, 卽是也.

具有韓退之·僧懷素·米芾·祝允明所題, 可證其本末. 蓋溫厚精純, 深得貞女之意. 使佻蕩流俗見之, 當斂衽起敬. 祝題中花藥漂流駭浪者, 殊不然也.

33. 題中隱帖後

先君子, 當正宗戊申夏, 淹直秘省. 京山李公在洞陰山中, 書白樂天〈中隱〉詩而寄之, 蓋以況先君子也. 先君子步其韻. 且屬朱溪羅公和之, 京山又書以小篆, 裝爲一帖.

風流文采, 不徒輝映當時, 後之見者, 必有想慕而不可及者. 此奚徒一家之珍藏乎.

34. 題梧里李文忠公筆蹟後

此帖, 公書于崇禎甲戌, 公時八十八歲. 下方書贅郎秀才尹鉄, 有志行才識, 余嘗愛之. 見余臨年, 欲得余手跡, 以爲他日思余, 且悲且敬, 而書之三十七字. 所書唐人絶句十七首, 禿筆甚澁, 然正直嚴寒之氣, 肅然而發, 對之直欲起拜.

鉄誠傑士, 坐地冷不得試, 又無子, 所著書遺佚已久, 又可惜也.

余卽文忠之彌甥也. 此帖遂傳在余家.

35. 題許眉叟書牘後

眉叟文與筆, 皆奇逸, 出於東人品格. 常見陟州碑及露梁碑, 奥邃可讀. 蓋其佶聱, 深欲學《盤誥》, 而篆體尤勁, 氣足神完, 亦非兩漢以下諸家所得追步.

方其在漣川山中, 靜坐如枯木之形, 山鳥來集于體. 晩因老病手澁, 爲人作字, 輒顚掉增奇. 此帖爲參奉府君書問往復楷草, 雖欠宛轉, 亦簡方可法, 文辭如之.

36. 題同春堂及老峯兄弟書牘後

春堂氣像和厚, 故詞翰亦然. 讀之便欲消鄙吝, 想往往逸氣飄揚. 老峯以方巖名, 筆亦整飭, 微學春堂體. 驪陽札, 亦家庭間字體也.

此皆抵參奉府君者, 而在鄕廬所裁寫, 深說田家之興. 又言俟春暖, 欲入峽採藥, 古人之志於退如此. 書中云, 夏在堤西, 奉左右說及退養計, 豈府君亦嘗勸之耶?

37. 題家藏古簡後

谷雲札, 爲抵進士府君. 谷雲時方棲隱于谷[2]雲山中, 而書中, 有東州鴝原會之語. 豈文谷相公在量移時耶? 憂虞已去, 湛樂可想. 谷雲素以篆籒名, 然楷草亦佳.

三淵先生札四帖, 甚高潔. 書曰, 見示阿戎諸作, 一一奇警, 似從神來, 因勢利導, 靑蓮不足兩, 此似指嘯軒公少時作, 其引誘後輩如此. 且寄三釜淵諸詩, 讀之, 翛然有赤城瀑布之想.

李槎川札一帖, 抵嘯軒公. 槎川宰安山時, 嘯軒公當從使役入日本, 此書乃勸起之耳. 筆似不撿而有逸趣.

38. 又題古簡牘後

仙源先生筆, 素蒼鬱古雅, 而此帖極精工奇峭, 判若別裁. 先生平日, 和厚不崖異, 而江都之節, 乃卓立如此. 觀於筆, 亦可知也.

淸陰先生書, 一在義州被拘時, 抵從子書也. 從子在尙州任所, 刊行《丁丑錄》, 先生慮文字多所忌諱, 亟令收藏.《丁丑錄》今不行, 當板蕩之際, 多有人所不得知者而無由攷出也.

一在瀋舘時書. 書云: "脫北扉." 方留質舘, 据《瀋陽日記》, 癸未四月一日, 先生見離北舘, 置世子舘所傍近, 此其時也.

觀此諸帖, 皆在先生憂患困苦之際, 詞翰安閑如常, 問訊家事, 具纖悉, 於此亦可見先生之學力也.

鄭文翼書筆札, 不過寥寥數語. 字畫拙樸, 大有規撫, 豈可與眩耀夸奇者, 論其蹊逕哉.

---

2 谷 : 저본에는 '室'로 되어 있는데 문맥을 살펴 바로잡았다.

金退憂堂, 筆甚遒勁, 間有秀逸之氣.

金文谷札, 精峭如百鍊銅, 可見公剛直不撓之氣也.

李西河札, 筆意高妙, 且眞意溢過諸牘. 公德業爲當時冠冕, 雖一時放筆, 亦可見其槩也.

南藥泉札, 首尾無一放筆. 昔李白江見公艸藁, 終始甚整, 期以他日台輔者, 有以夫.

柳武愍赫然, 豪邁善書, 今京兆府額, 卽其所寫. 閱光化門外列署題額, 至此輒聳然動神, 觀此牘亦然.

武愍又善詩. 嘗〈詠雪〉有朝來強起彈弓坐, 尙有陰山大獵心之句, 雄放如此. 尤翁和詩, 具在集中.

39. 仁宗大王墨竹跋

金河西先生在春坊時, 受仁廟眷遇, 蓋將大用, 未幾, 仙馭上賓, 河西痛甚. 後有徵召輒不起, 此竹乃仁廟贈河西者也. 其家刻之, 至今相傳. 歲久漫晦, 日星輝映之氣, 不可得以仰瞻.

下方題一絶曰: '根枝節葉盡精微, 石友精神在範圍. 始覺聖神侔造化, 一團天地不能違.' 乃河西所製而書者, 觀此可以識君臣之際也.

40. 柳峀雲墨竹跋

柳峀雲德章, 以墨竹名. 嘗挂所畵障子雪中, 鳥雀來投, 可見其畵之妙. 其工老而彌進, 余家所在, 皆七十後所揮灑. 姜豹菴言, '東國畵竹, 皆蘆也, 非竹也.' 峀雲畵往往涉此, 其得意之幅, 殊不然也.

41. 題檀園金弘道畫後

檀園金弘道, 近時畫師之鉅匠也. 始學于玄齋沈師[3]貞, 間又涉謙齋鄭敾法, 狀物尤奇. 正宗辛亥, 效勞於御眞之役, 出知延豐縣. 此帖寫九龍淵一曲, 甚奇壯.

42. 題槎川挽嘯軒詩後

槎川李公與嘯軒公, 契好甚篤. 嘯軒公詩氣力雄勁. 槎川常推服之, 詩中盛說公詩之難及. 至曰: "公乎豈眞死? 望之猶膽慴." 先輩相與之盛如此.

43. 題金石坡龍行畫後

金石坡, 卽眞宰之子也. 眞宰畫, 脫畧徯徑, 自抒已意, 乃畫家別裁也. 石坡得其法, 且又好奇. 凡有不平, 輒於畫發之. 此幅寫陶淵明撫孤松圖, 乃反有縈嫋之趣. 又有畫松一幅, 甚蒼鬱. 卒踽凉而早歿.

44. 題謙齋畫後

謙齋畫奇雄, 杜工部元氣淋漓障猶濕之詩, 當爲此老題也. 此幅一畫大風羣松披拂, 溪湍暴急. 一畫大雨溪山, 林木慘黑, 有人褰衣涉水, 若不能步, 甚奇絶.

45. 題李凌壺畫

凌壺畫, 神氣洋溢於幅外. 腴而不膩, 秀而不放, 踈而不慢, 潔而不

3 師 : 저본에는 '思'로 되어 있는데 문맥을 살펴 바로잡았다.

枯. 此幅明鏡臺九龍淵, 皆有逸格, 閱之若躬履嵐翠, 耳滿湍瀨, 不知蓬萊之遠也.

46. 題李憕畫後

李憕號虛舟, 當宣祖時, 以畫擅場. 當中興之運, 人才輩出, 雖書畫末藝, 精切如此. 此畫古木寒雀, 雪中羣聚, 淸寒逼人, 乃〈山居圖〉也.

47. 題崔北畫後

崔北, 號毫生館, 委巷人. 畫有儁材, 晩益精工. 好遊妓館, 羣妓不敢違其令, 常爲絲竹之主. 此幅寫〈觀瀑圖〉, 淸冷之趣襲人, 宜於東華軟紅車塵馬跡中觀之, 有以自警也.

48. 題金弘道八疊屛後

此檀園畫師〈花鳥圖〉也. 想一時放筆, 不甚留心, 然秀氣悠揚不已, 誠佳品也. 幅皆有先君子手題, 子孫宜寶藏而勿失也.

49. 題蓮潭金鳴國畫後

蓮潭此畫畫鬼. 古人云, 畫鬼易, 工人不得見也. 觀此幅誠然. 然余以爲畫鬼, 無靈怪氣, 不可謂工. 幅上題曰: "道家千萬話, 恍忽或名言. 對汝吾將醉, 如何是滑魂." 未知誰人所題, 亦佳筆也.

50. 題洪陽淸難碑後

萬曆二十四年, 湖西賊李夢鶴, 叛陷六邑. 至洪州, 官軍討誅之. 樹碑紀績, 趙龍洲製其文, 柳正郎時英書. 筆畫甚雅整, 深得晉人法. 然時英未聞以筆名, 人皆漫視之, 坯窩金公, 過其下而奇之, 余嘗搨來而閱之, 果然.

51. 題陟州碑後

許眉叟出守三陟, 作此文. 文誠古雅, 似學司馬相如, 而筆亦奇崛. 初竪碑於汀羅島, 爲風浪所激, 沈于海. 眉叟改書, 竪竹串島.

52. 題靈業書後

靈業, 新羅僧也. 此碑爲神行禪師書之, 唐元和中, 竪于智異山中. 神行禪師, 亦高僧也, 新羅時, 通于唐, 筆體始開. 靈業筆出於《聖教序》, 但勁峭有法, 可謂有出藍之妙.

53. 書坦然筆後

此碑在春川清平山中. 希夷子李資玄, 隱居是地, 卽唐僧永玄之蘭若也, 資玄重修以居. 及沒, 金富轍製碑文, 而坦然書之. 筆雖出於《聖教序》, 踈宕有致, 不專拘其法. 高麗諸碑, 多其派流.

竪碑在宋建炎四年, 碑中建炎作立炎, 似避高麗太祖諱也, 然碑末年月上, 復書建炎, 一碑之中異例, 殊可怪. 此本雖多剝落, 不甚漫☒. 今聞碑字益壞, 不可搨, 幸余得于不甚損之前也.

坦然詩又妙, 其〈兔山文殊菴〉詩曰: "一室何寥廓, 萬緣俱寂寞, 路穿石罅通, 泉秀雲根落, 皓月挂簷楹, 凉風動林壑, 誰從彼上人, 清坐學眞樂."

54. 題大鑑國師碑

此碑在知異山斷俗寺, 金大定十二年建. 其文卽李之茂所製, 不知何人所書, 然意機俊僧筆也. 筆甚工巧有法, 但少踈放, 漸啓麗後一種跳盪之趣.

55. 題慧眞塔碑

慧眞, 俗姓金氏, 鷄林河南人. 其塔碑, 在廣州慧目山高達院, 高麗金廷彦製, 張端說書, 宋開寶八年建.

端說筆甚精悍, 然無澹宕之意, 終不離夷裔氣, 是可歎也. 石堅硬, 比他碑甚完, 今猶如新刻者.

56. 題朗慧和尙塔碑

朗慧和尙, 新羅僧也. 塔曰白月葆光, 在保寧聖住山中, 崔孤雲製碑文, 從弟仁渷書. 仁渷, 嘗製太子山朗空大師棲雲塔碑者也, 筆法甚楷整峭削, 得唐碑體, 歷幾百年而不爲風雨所剝蝕. 殆亦委棄山谷中, 榻者稀至, 故鮮爲所損, 而能精完歟.

碑書孤雲職曰: '淮南入本國, 送國信詔書等使, 前東面都統巡官承務郎侍御史內供奉賜紫金魚袋臣崔致遠奉敎撰.' 可見新羅官制. 此宜掌故家攷据也.

57. 題高麗古碑後

松都人, 得此塔文於榛莽中. 文云, "菩薩戒弟子平章事姜邯瓚, 奉爲邦家永泰, 遐邇常安, 敬造此塔, 永充供養, 時天禧五年五月日也." 三十八字. 姜公摧破契丹, 傑氣鬱鬱, 豈佞佛者哉? 乃爲此者, 可見佛法之盛. 俗以之成, 雖英雄豪傑, 不得超脫是習, 又可慨也.
史云姜公名邯贊, 此作邯瓚, 豈史誤耶? 抑後人添畫而亂之也?

58. 題李寅文畵

李寅文號古松流水觀道人. 隸畵署, 然不甚習院畵, 好畵山水, 其名與金弘道相埒. 然不能自媚于世, 卒以饑寒死.
此幅畵山中冬景, 雪堆巖崖, 樹木杈枒, 茅屋蕭瑟, 對之輒有剡溪理舟之想.

59. 題蒹葭堂雅集圖

蒹葭堂, 在日本浪華江上, 木弘恭所居也. 弘恭好蓄書, 嘗與其徒僧竺常等, 爲雅集于堂中. 時先君子從使事入日本, 弘恭乃以此畵見贈, 欲廣之他邦也. 堂宇蕭灑, 花木照映, 江中帆檣, 出沒於葦蘆際, 悠然可望, 大有黃大癡意. 竺常作後序, 亦雅潔可讀.

60. 峻豊跋

余嘗過淸州, 邑城有鐵檣, 高可七八丈, 刻峻豊二字. 前代州縣, 或用銅若石, 造爲舟檣之形, 以壓勝地氣, 如杜工部〈石犀行〉也. 但峻豊未詳, 豈淸州之古號而史失之耶!
〈石犀行〉中, 有云: '自古雖有厭[4]勝法, 天生江水向東流者.' 可以破悠謬之論也.

---

4 厭 : 저본에는 '壓'으로 되어 있는데, 두보의 〈석서행(石犀行)〉에 의거하여 바로잡았다.

61. 題麟角碑

麟角寺在義興華山洞, 俗傳麒麟挂角于壁, 故名. 有閔漬所撰僧普覺碑銘, 而筆體全出於《聖教序》, 但峭刻勁猛, 大過《聖教序》. 每見中原所搨《聖教序》, 屢經移摹, 苦無善本. 夫懷仁所摹勒者, 已失右軍舊法, 況雙鉤紛紛, 又失懷仁之眞本耶? 獨此碑直溯懷仁, 而工妙復掩之, 誠至寶. 但碑字破壞, 今不可復搨, 可歎也已.

62. 金生筆跋

金生嘗寫李太白日照香爐生紫烟之詩, 雄爽不似白月碑之縝密.

金生新羅人, 生於景雲二年, 修頭陁行, 居忠州北津寺中. 年八十, 猶操筆不休, 其法屢爲宋元名士歎異. 寺今廢, 而其鄉至今稱金生面云.

63. 題忠貞公墨蹟後

此三幅, 卽忠貞公所寫唐人絶句也. 公筆法出趙文敏, 波畫如蘭竹枝葉之旖旎, 秀氣生勃, 不可遏. 此幅放筆尤妙. 公素以淸白著名, 筆乃富麗如此, 殆如宋廣平賦梅花者也.

64. 題梧亭筆後

梧亭李公宜炳, 筆雅正, 謹守法, 然意想甚裕如也. 余得楷一幅艸二幅, 楷則縝密, 艸則悠揚, 法與妙俱至.

近時筆體輕淺, 專取姿媚, 如梧亭筆, 不欲師法. 故漸就湮滅, 非故家箱篋之藏. 不能得也.

65. 題李京山所書寢屛小記後

昔先君子在雪城衙中, 著〈寢屛小記〉, 時春秋七十三歲, 京山李公同庚也. 爲書此記, 筆畫勁正, 如鐵索. 公之小篆, 老益精鍊, 又爲余書杜工部〈秋興〉八首, 已製屛風, 紙雖生毛, 而筆畫蟠屈, 獨不損, 望之益奇.

66. 題岳武穆筆後

武穆筆, 流傳東土, 雕刻于嶺南某縣, 雄傑如其人. 然忠義亦增其敬也, 殆欲整襟起拜. 如蔡京筆, 未嘗不妙, 人未有貴之者, 以其品行之匪人也. 士之飭躬, 當何如也.

張翼德亦善筆, 彼豈操毫用工. 如後世名家者, 特其材氣拔類. 故雖於戈戟搶攘之中, 一有揮翰, 輒能臻妙如此. 武穆亦翼德之同調者也.

67. 題鍾繇墨蹟後

余家有元常筆一紙, 首尾俱缺. 書中有云: "與徐晃, 並力撲討, 表裏俱進." 又云: "賊帥關羽, 已被矢刃." 是《賀捷表》殘幅也. 然關壯繆爲孫權所殺, 元常何得掠其功也. 筆法方整瘦勁, 微有八分意, 與《宣示》·《墓田諸帖》, 迥異矣.

68. 記王氏眞蹟

余少嘗從芝溪宋公, 見唐王方慶所進諸王氏眞蹟, 自右軍以下俱在. 卽文氏《停雲館帖》之殘卷也. 右軍筆法甚樸, 非如《稧帖》及《閣帖》諸種.

方慶, 卽瑯琊諸王之裔也. 想有家藏珍品, 而其流傳東土者, 亦非屢經移模, 故得完善耳.

下方又有李懷琳倣叔夜書. 後來藝苑之論. 以汾陰贋鼎之誚, 大加攻擊, 然其逸氣秀發, 有天際眞人之想, 懷琳亦善於筆者, 未可以耳食妄爲長短也.

69. 題蘭亭帖後

右軍帖, 以〈蘭亭〉爲最, 而昭陵眞蹟, 今不可見, 獨定武本, 往往傳于世. 然東人又多翻刻, 而摹搨不精, 大抵笨也.

右軍, 卽臨池之聖也. 類德盛仁熟, 豈末學所可窺測, 而其英華所及, 亦足心醉, 覺浮躁盡去, 第恨今之翻刻者, 不得其眞, 而增以麤醜, 如鄕愿之疑於聖也, 如此者, 雖屢閱, 何補於筆也.

70. 題崔北畵後

崔北毫生舘, 畵二幅, 一荷鷺, 一蘆鴈, 甚有逸趣, 但筆畫稍厲. 下又有檀園金弘道畵三幅, 一梅花怪石, 一墨蓮, 一蝦蟹, 乃其醉後筆也, 神韻亦動人, 皆中能品.

71. 興法碑跋

興法碑, 在原州觀察營中, 今亦不甚刓缺. 李益齋所稱鸞飄鳳泊, 氣呑象外者, 眞善喩也. 崔光胤集唐太宗筆, 然觀太宗筆之在《閣帖》者, 與此懸殊, 盖光胤筆法爲多也.

72. 題蔓溪畵後

鄭君芳, 號蔓溪, 又號之又子. 畵有逸趣. 嘗畵飛瀑及梅竹芭蕉, 甚奇, 其狀物爲最. 嘗臨紫霄吳鳴雷艸蟲山雀, 及倣趙昌花枝坐雀, 神韻動人, 不讓藍本.

73. 題多胡碑後

多胡碑, 出自日本, 具在先君子集中. 字畫詭異, 然非籒非楷, 似有倣依. 盖其和銅四年, 卽唐睿宗景雲四年, 則日本人文之闢, 亦久矣, 豈有此混沌未分之書乎. 且畫亦脆柔, 欲樸而未能者也.

74. 題陶山記後

右〈陶山記〉一通及七言十八絶, 退溪先生所製, 而自寫者也. 奇高峯大升和之, 又有小跋, 盖和之於先生未卒之前, 而書之於先生旣卒之後也.

讀之, 巖栖洌井之趣, 森列眼中, 亟欲理鞋杖策, 飄然長往於陶山之間, 恨余老不能也.

75. 題陶山十二曲後

〈陶山十二曲〉, 退陶先生所製也. 當先生閑居之際, 或言志, 或言學, 使子侄歌之, 又舞蹈之, 所以蕩滌查滓者也.

國俗歌詩, 素無音節, 必以俚俗間之, 故不能合節. 又其歌曲多淫哇, 故君子鮮習之. 然昔松江之〈思美人〉等歌, 忠愛纏惻. 淸陰金文正公好誦之, 其家婢亦能解羅帷寂寞繡帳空虛之句, 盖於人倫之際, 所補不細.

然以其發於情也, 故善學則可以感發人之善心, 不善學則易歸於流連而不知返, 學者, 可不知所擇哉.

76. 題扇畵後

右扇畵四幅, 一鄭謙齋畵衆香夕照, 一許烟客畵山居松石, 一又烟客畵蟬, 一李凌壺畵南澗艸堂, 各臻其妙.

下方附坯窩墨竹圖·眞宰枯樹圖, 坯窩畵, 雖不合格, 然淸高之趣, 溢于紙墨, 如其筆體. 眞宰畵, 乃其病中艸也, 筆畵似浮腫, 然眞意爛熳, 可珍.

77. 題鹿脯帖零本後

家藏筆帖, 有魯公〈鹿脯帖〉一紙, 書法專出右軍, 非魯公他書比也. 且搨本精完, 磔趯之跡, 筆鋒森然. 又有寫杜工部絶句, "粘[5]逕楊花鋪白氈, 點溪荷葉疊靑錢. 筍根稚子無人見, 沙上鳧雛傍母眠." 二十八字, 筆意高妙, 似安平大君筆. 但出自東刻, 往往失眞.

78. 題鄭石癡畵後

石癡鄭公喆祚所畵摩訶衍一幅, 犬·鯉·鹿各一幅, 鹿尤妙.

又四幅, 一滄海力士, 而張子房立其傍, 勇健雄豪之狀, 直令人魄推. 一董賢, 其冠佩燦然, 而顚蒙媚嫵之態, 不可得而掩. 一趙娥, 其奮刃掉厲, 絶去閨闈粉脂意, 觸之當靡. 一綠珠, 舞袖縈嫋, 姿媚橫生, 其得意筆也.

今爲仲弟所蓄.

---

5 粘: 두보 시의 원문에는 '糝'으로 되어 있다.

79. 題瘞鶴銘帖後

徐尙書榮輔, 嘗以鶴銘一本示余, 搨本太精, 字畫太俗, 似非焦山眞迹. 先君子具書一通, 以示金坯窩先生. 先生摘其語疵謬諸處, 且錄他鶴銘一本以答曰: "此乃眞蹟, 以余觀之, 亦非眞本也."

焦山之刻, 爲水所嚙, 漸致磨滅, 其先搨者字多, 後搨者字減. 中國人鉤摹甚衆, 善本極難得, 然盖此筆瘦勁, 得立鶴形者爲得.

80. 題定遼後衛百戶印後

定遼衛, 洪武四年置, 尋改遼東都指揮使司. 此印, 乃在定遼衛時所鑄也. 龍川人, 得之靑龍山中, 其印篆文曰: "定遼後衛中千戶所百戶之印." 印背左傍刻曰: "洪武十年六月日禮部造." 又左隅刻 "習字五十五號." 右傍刻 "楷書." 云云. 如篆文字甚工.

彼埋地中四百餘年, 當宁壬戌始出, 而不銷蝕者, 尤可異. 然何由而在我境也? 豈洪武中欲置鐵嶺衛時, 有所遺佚者歟.

81. 題東方畵贊後

東方曼倩畵像贊, 夏侯太初所撰, 雖極讚美, 亦言其奇怪怳惚. 右軍筆, 想亦發其豪擧, 不應如俗本之都無神明也. 今之學書, 當取古人完善本習之, 不使其笨體先汩其筆意.

且東人之刻, 輒帶油脂氣, 如人在稚弱學書時, 邀免園鹵莽, 以謬音訛義導之. 今之士鮮能超拔者, 多由是也. 書法亦然.

82. 書石臺孝經後

唐玄宗注《孝經》, 天寶四載, 刻于太學, 謂之石臺孝經. 今尙在西安府學中, 凡四碑.

邢昺《正義》云: "《古文孝經》, 曠代亡逸, 隋劉炫, 得一本, 輒意刊改, 因著《古文孝經稽疑》一篇."

開元勑議之際, 劉子玄等主之, 而司馬貞曰: "《今文孝經》, 是河間獻王所得顏芝本, 劉向參校古文, 定爲十八章." 其注云, 鄭玄所作, 而鄭志及目錄, 皆不載.

又《會要》中言: '貞摘〈閨門章〉文句凡鄙, 〈庶人章〉, 割製舊文, 妄加子曰字及句中脫衣就功諸語, 以駁古文.' 玄宗從貞議而書之.

後來如熊禾輩, 謂貞去〈閨門〉一章, 以啓玄宗無禮之禍. 然實不然, 自顏芝本然也. 玄宗已以武妃之讒, 殺三子, 又奪壽王之婦, 入後宮, 而乃親注《孝經》者, 不已愧怍乎. 其從貞議者, 意亦由此矣乎.

83. 題聖教序後

家藏《聖教序》, 雖非善本, 亦近時所難得者. 此序文皇爲高宗作, 今以冠藏經, 盖叙僧玄奘求法事也. 奘之天竺積十八年, 以二象馱夾經像, 還至凉州. 上聞, 手詔飛騎迎之, 父子相繼爲序記.

咸亨中, 沙門懷仁, 集右軍字, 勒此序于石, 而心經末, 列錄于志寧等諸臣姓氏. 文皇豪氣盖世, 而乃求福於《因果》, 志寧等並一時之望, 不能引君當道, 乃以附名碑末爲榮, 不亦陋乎.

且佛說之虛罔, 易爲辨別, 而顧滔滔沈惑, 韓文公斥佛之功, 其可小乎哉?

84. 題家藏昌黎集後

《昌黎集》, 乃壬辰倭亂後, 訓鍊都監以財窘之故, 用安平大君字本,刻聚珍字，印此書，買之而裕用者也. 筆畫偉麗，雖移刻，不甚失眞，夫以昌黎之文，經朱子是正，而以安平筆印之，可謂絶世之寶. 板本已久遠，不知今尙存否. 余在湖中官次，得之，不暫釋手，然間多壞涴，可惜也已.

85. 題白月碑後

新羅朗空大師白月栖[6]雲塔碑，崔仁渷撰，文甚典則，有唐碑體，釋端目集金生書. 書雄奇，誠東碑之珍者.

初在奉化縣寺墟，埋沒者久，有農夫耕而得之. 榮川郡守李伉，惜其毁缺，運致郡廨隙地. 因誌其事，而朴訥書之，正德四年八月日也.

萬曆癸巳丁酉之際，天兵久留郡中，搨數千本，時方寒冱，墨凍，燒炭而搨之，石面多損.

其後熊化奉使東來，未渡鴨江，先請白月碑本. 我人不知碑在何地，更問天使而得之. 自是求搨坌集，後守苦之，斥爲馬櫪. 今之所搨，皆馬蹄之餘也. 鑑賞家以無馬蹄痕者，爲舊搨.

細閱碑中字葉，皆作，唐時避文皇諱，凡世之類皆改作云. 此碑之刻，似在唐時，然至用世字，又不避，殊可怪也.

碑後刻"新羅國石南寺故國師碑銘後記，門下法孫釋純白述." 末端，大書"顯德元年歲在甲寅七月十五日立." 字體甚雄，似金生筆. 但稍疎宕，殆所模非一手耶.

金生筆又有昌林寺碑，趙文敏孟頫，稱其唐人名刻，不能過之. 今不存.

---

6 栖 : 저본에는 '棲'로 되어 있는데 비문에 의거하여 바로잡았다.

86. 題羅兩峯蘭後

朴在先嘗遊燕, 遺余兩峯畵蘭摺扇一. 兩峯名聘, 江蘇楊州府人. 少頗以風流自放, 晩年奉佛, 携子允纘流寓琉璃廠之觀音閣, 落拓可憐. 畵出於金冬心農, 格力過其師.

嘗爲〈鬼趣圖〉, 極譎怪, 具有海內名士題詩. 又爲紅梅長幅, 繁艶可喜, 詩亦韶婉, 不爲畵掩. 妻桐城方氏, 名婉儀. 號白蓮女史, 亦能詩序刻. 兩峯少時, 所効放翁體三十餘首, 號《學陸集》. 允纘亦能畵, 人比之羅昭諫父子.

柳惠甫觀兩峯所藏唐韓滉〈回紇舞女圖〉, 戴尖帽辮髮, 繞首而餙珠翠, 頗似東國婦女.

87. 題張水屋畵後

余嘗從朴在先, 張[7]水屋墨竹畵扇, 放筆甚奇. 其名道渥, 江蘇楊州府人. 曾以鹽運罷官, 亦落魄人也. 有〈感興詩〉十篇. 頗沈鬱欝慷慨.

88. 題姜豹菴畵後

姜豹菴世晃, 畵有逸趣, 近時畫家多學之. 豹菴子, 嘗遘癘, 死有日矣, 將歛而忽蘇. 豹菴乃寫百幅〈雲山圖〉, 以志喜而贈, 盖竭其才也. 亦爲之題跋, 識其家寶.

李文肅性源, 故嗜畵, 聞之, 躬請閱月而後得之, 今在其家.

---

7 張 : 저본에는 '觀'으로 되어 있는데 박제가의 《정유각집》에 의거하여 바로잡았다.

89. 題海陽筆蹟後

海陽羅公, 詩宗少陵, 筆倣右軍, 其法寧僻毋媚, 寧亢毋卑, 寧拙毋華. 好與先君子遊, 凡有唱酬, 輒自爲揮灑, 墨蹟多在吾家.

公儀容戌削, 望之如鶴. 小牘尤可讀, 禿毫劣紙, 彌增其古雅, 不名一體. 而得於鶴銘者, 尤多.

90. 題月村墨蹟後

羅月村諱杰, 字仲興, 海陽公之季弟也. 公祖考洞玄公, 氣宇豪邁, 嘗過三淵賦詩曰: "蒼凉雲出峀, 黃白菊垂庭." 淵翁亟稱之. 嗣子翊衛公, 學識敦厚, 爲莊獻世子宮官, 以輔導名, 久於桂坊. 家在果川, 每就直, 騎柴牛入都, 傳爲桂坊美談.

海陽公少頗魯鈍[8], 督之甚嚴, 月村公素明敏無滯, 不煩教授. 及長, 兄弟皆有高名, 而友愛甚至. 月村家居果川墓下, 海陽寓在東城. 月村輒來訪, 海陽公不忍別, 偕至崇禮門外, 月村又不忍別, 偕返于城東僑廬, 若是者屢.

公遺外世務, 頗自放於名教外, 然愛好人倫如此. 嘗遊燕京, 冀遇中國奇偉之士, 燕人皆好輕靡而樂軟熟, 終不得遇. 及歸, 與海陽公, 俱隱茂朱山中. 嘗步詣湖中素交, 猝得疾以終. 其筆與海陽公一格, 然以其不能壽, 故老健蒼欝則遜之.

先君子訪公燕行路中, 且贐行具, 公有《詩謝》之, 詩甚淸高, 筆雖暫時放毫裁寫, 格力甚雄. 公有筆經, 先君子爲之序.

---

8 鈍 : 저본에는 '純'으로 되어 있는데 문맥을 살펴 바로잡았다.

91. 題徐公懋修筆蹟後

余家有公所寫杜工部〈李潮八分〉詩韓昌黎〈石鼓歌〉, 又寫陶淵明〈桃花源〉詩. 筆法雅麗有則, 如禮法之士, 閱之而浮躁自靖.

余嘗候公, 公時方飯于內, 卽持飯出, 甚欵曲. 論筆法甚悉, 座無一點塵埃, 信乎如李參奉匡呂詩, 郡中有徐宰, 皎然當玉樹也. 至今不能忘.

92. 題雪翁筆蹟後

雪翁柳公, 筆倣子昂, 老而愈妙. 嘗爲先君子, 自寫平日所著詩一卷贈之, 甚穠粹可珍. 公常騎牛, 挂一酒壺于牛角, 朗詠自製詩, 過道峯山下. 趙相國載浩, 望而異之, 擧爲北部參奉.

旣而罷官, 還道峯舊居, 有詩曰: "東出都門未百里, 山青水白是吾家."

壽過八十餘歲, 雪鬢丹頰, 望之如神仙中人.

93. 題圓嶠筆蹟後

李圓嶠匡師, 少學書於尹白下淳, 其格力過之. 以家累坐配北邊, 又移南海島中. 圓嶠才調奇特, 而沈鬱困躓, 其不平之氣, 一於筆發之, 故過於奇險. 詩亦雄渾, 嘗製〈鹿角枕〉詩, 自寫數三本傳于世. 當時碑版, 多出其手.

余見李相國台佐碑, 甚奇, 雖在漢·唐諸碑, 無媿也. 嘗寫字滿一籠, 付其妾, 使作生活. 圓嶠沒于島中, 人聞妾賣書法, 爭以貴價貨之, 遂致傳布益廣. 南中人, 最多倣其法.

94. 再題聖教序後

《聖教序》極奇妙, 雖乖右軍筆意, 亦足楷法. 但不得其神韻, 而徒倣體裁, 如沐膠柒盆中, 自歸冗俗.

余嘗從芝溪宋公書室, 得見眞蹟畫法, 眞屋漏痕也. 內蓄精悍. 外拓踈朗, 非元·明後所刻. 今聞失之, 不知轉之何家.

又見褚河南《聖教序》, 穠麗婉媚, 亦善本. 然考之, 王弇洲云: "其家藏本波拂處, 虬健如鐵線. 陝省致一紙, 輕弱不足言." 又云: "永徽四年, 中書令臣褚遂良書." 攷之本傳, 永徽四年, 爲中書左僕射, 疑後人附益.

余所見, 盖陝省本也, 然典則森然, 未可斷以輕弱也.

95. 題趙松雪寫畫錦堂記後

韓魏公以上相, 作晝錦堂於相州. 時歐陽文忠, 以參政爲之記. 蔡忠惠襄, 以三司使書之. 此本余未得見之, 而今攷弇洲集中云: "觀其用筆, 特遒勁偉麗, 出入淸臣誠懸間." 想其方整厚重, 大有典則.

又有趙文敏所書一本, 姿態高妙, 波畫皆作蘭竹披拂之狀, 絹本雖往往壞損, 墨痕不昏, 筆鋒可覓, 誠可珍玩. 此在惕齋相國書室, 余得見之.

96. 題樂毅論後

黃山谷嘗言: "小字〈樂毅論〉, 實王著所書." 出何薳《春渚記聞》. 然其神妙勁正, 非右軍不能也. 如威鳳特立, 諸珍禽異鳥, 不得不爲之下矣. 但摹拓展轉失眞, 神龍化墨猪矣.

余嘗見李參判廈鎭家藏古帖, 眞善本也. 紙墨昏暗, 而陰[illegible]黃赤如染,可知舊物.

又聞李相國在協家藏一本甚善, 其精完, 猶不及此云.

97. 題趙文敏艸千字後

趙文敏所寫千字文, 余嘗從內閣吏金義鉉見之. 行艸遒麗, 大有右軍意, 盖文敏此法最高妙. 余家又有文敏千字文, 字體精工瀟灑, 與文敏平日所書頓殊, 盖其變體也.

98. 記吳道子畵

韓石峯嘗爲中國人書先碑, 其人以吳道子龍虎畵遺之. 石峯旣沒, 歸之吳竹南, 竹南又傳之尹尙書深. 後, 復歸之吳氏, 吳氏慮人求借, 遂致亡逸. 謾言家多災異, 還掛燕京東嶽廟中, 以神其跡, 畵實在吳氏云.

吳道子畵, 我國又有二本, 一在竹山金氏家, 黑綃用泥金, 畵艸蟲十疊. 一在海西金沙寺, 十六軸並藏以花梨錦緞. 舊滿二十軸, 人或竊去, 存者只有此.

昔朱子論蘇東坡〈四菩薩閣記〉, 不如歐陽文忠〈菱溪石記〉. 盖戒人勿取則一也.

坡文戒子孫之難全, 而其戒也切. 歐文戒富貴之無常, 而其戒也婉. 其感人之深, 坡不及乎歐公遠矣.

然後之人識乎此, 則金氏之藏可世守, 而金沙之貯可永存耳.

99. 題練光亭額後

陸友仁《硏北雜志》云: “晉陵富人承氏子, 家有奇石舊刻, 米元章書六字, 第一山米芾識. 承氏子謂芾與費同音, 爲不祥擊碎之, 止存其半."
不知何人移模, 而顔于平壤之練光亭, 雄麗鮮比.
朱蘭堣之蕃, 奉使東來, 書江字於其間, 以成第一江山四大字, 字雖佳, 較南宮書, 不逮多矣.
又尹白下書此四大字而揭之, 又不及朱筆.
又丹陽龜潭亭上, 刻圓嶠所書四大字揭之, 亦雄健.

100. 題寒水齋墨蹟

寒水齋, 德宇冲厚, 講道林泉, 英華所發, 詞翰亦奇.
余嘗入丹陽上仙巖, 至守一菴, 見寒水齋所寫, "煌煌靈芝, 一年三秀, 余獨胡爲, 有志未就"四句. 波畫瘦勁, 如折竹, 可作山門之鎭. 獨逸一年字, 讀之, 有篔簹壁上之感.
洞中山水之名, 多寒水齋所命也.

101. 題栗谷先生墨蹟後

黃江之寒水齋, 文純先生所處也. 中有小櫝, 儲栗谷先生手艸《經筵日記》三卷. 想先生在坡山山中, 艸此時, 艱於筆札, 用當時爛報而起草. 其背皆小字行艸, 然德輝所發, 渾然天成, 不覺起敬, 如在嚴師之側也. 此尤翁授寒水齋, 以作道統之傳.
又櫝中, 有紫雲書院廟庭碑艸本, 卽白沙與沙溪手書, 相往復. 尤翁所草紫雲碑一本, 亦質沙溪而籤亦尙存.

102. 記水雲亭額

水雲亭, 在丹陽之雲巖上, 卽柳西崖物也. 西崖家居安東, 相距不甚遠. 每往來自適, 而乃以此被劾. 其自辨疏曰: "丹崖翠壁, 亦入彈文者." 是也. 水雲亭額, 卽西崖所書, 偉麗典雅, 儼然眞中興名相氣像也. 至今爲柳氏所守.

103. 記凌壺篆後

凌壺李公與丹陵李公, 屢遊四郡, 最好丹陽山水. 凌壺搆多白雲樓於龜潭玉笋峯上, 丹陵刱羽化樓於郡前溪上, 又搆棲碧亭於舍人巖罅. 今皆壞毁, 然先輩嘯傲之跡, 歷歷具在, 不能忘也.

舍人巖上, 刻丹陵及凌壺名, 皆古篆而凌壺筆也. 望之奇崛, 雖苔蘚被之, 光氣蕭森.

104. 題白沙李文忠筆蹟後

白沙李文忠, 當光海時, 兇徒欲廢母后, 先生建議言不可. 其艸藁移刻鄭錦南所撰《北遷錄》中, 義重詞嚴, 筆晝亦爲之增健. 雖其摹搨失眞, 亦足以立懦.

先生墨蹟, 多在後孫家, 氣像豪邁, 可見平日學力. 人之寶玩者, 奚獨在點畫之工哉?

105. 題尙書石經後

《開成石經》, 在西安府中, 淸陰先生得之, 貯于室雲山中. 其後稍稍有購者, 今見存者三四本, 筆體雖非至者, 大抵柳誠懸顔平原書體, 具有楷法.

仲弟從邑中人家借來, 其人用賤價沽得者也. 始以紋緞裝賻甚美, 今乃以庸手之筆, 雜題卷首, 狼藉涴汚, 不唯可惜.

亦足見人家子弟, 不能恭閱經典, 致流落壞傷如此, 重可歎也.

106. 記安岐印記

柳惠甫嘗入燕, 訪羅兩峯, 觀唐韓滉〈回紇舞女圖〉, 軸尾有朝鮮安氏印記. 安氏名岐, 號麓村. 系出朝鮮, 是雍正間人. 與弟某有雅致, 在代王府內. 楊州辦鹽務, 蓄書畵甚富. 嘗獻于內府, 蒙賜白金一千兩. 其子孫貧甚, 不復雅.

又《畵徵錄》, 淸乾隆初, 張庚所著, 皆淸後畵家. 皇朝遺民, 如徐昭法惲香山諸人, 多賣畵自給, 故無不編入.

又有三韓人畵, 如呂猶龍山水, 李世綽山水人物花鳥果品, 崔鏏人物士女, 卞永譽女花艸, 具有題品. 淸人指遼東爲三韓, 然三韓, 卽馬韓’辰[9]韓’弁韓, 皆在漢江以南. 而古來相傳崔孤雲之言曰: “辰韓, 百濟也. 弁韓, 新羅也. 馬韓, 高句麗也.” 然高句麗實主帶水以南, 於三韓無涉.

《遼史》稱聖宗伐高麗, 俘三國之遺人, 置高州三韓縣. 然契丹伐高麗, 當止漢水之北, 何能俘三國之遺人乎? 自古論三韓者多, 不可辨.

107. 題李參奉筆後

李參奉匡呂詩高逸, 有名當世, 筆亦蒼鬱, 好寫杜工部詩. 余嘗蓄數紙, 筆意瀟灑, 絶無塵埃氣, 便欲斷葷與肉, 展挂於古松流水間而閱.

---

9 辰 : 저본에는 ‘馬’로 되어 있는데 문맥을 살펴 바로잡았다.

108. 題申紫霞墨竹

紫霞墨竹, 逸趣可喜, 要爲近時畵家之最.

正宗丁巳, 命黃陜川運祚, 詣鑄字所, 書《春秋》經文, 閣吏乞書一紙, 公靳之曰: "吾不能爲若書之." 海陽羅公聞之笑曰: "人有求, 卽可酬之, 何乃自重如此."

紫霞嘗爲承旨, 方在院, 適公座, 諸宰及院僚, 競持扇請墨竹, 皆爲揮灑無忤色. 院吏持一艸注紙在傍, 欲乞畵而未敢. 紫霞顧笑曰: "吾豈獨靳於若乎?" 卽取紙畵竹而與之. 人稱其達.

紫霞名緯, 字漢叟, 與余好. 紫霞子命洽, 亦善畵, 號小霞.

109. 題楊蓬萊筆刻後

永平之金水亭, 蓬萊別業也, 山水姸秀. 金水亭扁, 亦蓬萊筆也. 蓬萊筆多刻在巖石間, 而瓊島之傍, 所刻尤奇, 卽亦所自製也.

詩曰, "綠綺琴伯牙心, 一鼓復一吟, 鍾期始[10]知音. 泠泠虛籟起遙岑, 江月娟娟江水深." 詩甚淸逸.

蓬萊琴背, 亦刻此詩, 琴材不甚良. 以蓬萊故名, 向在申都尉光綏家, 今不知流落何所.

110. 題孟永光畵後

孟永光, 字月心, 山陰人, 工人物寫眞. 游遼東事淸, 後從淸主入燕中. 不樂仕進, 以畵祗候內庭, 爲順治主所愛. 潛谷金公, 奉使入瀋, 永光爲寫眞甚肖. 傳其家, 此畵乃老人拄杖獨立, 甚纖密可賞.

---

10 始: 저본에는 '是'로 되어 있는데, 양사언의 《봉래시집(蓬萊詩集)》에 의거하여 바로잡았다.

서화잡지

조선 최고의 심미안 성해응의 못 말리는 서화 편력기

성해응 지음
손혜리 지금완 옮김

1판 1쇄 발행일 2016년 2월 29일

발행인 | 김학원
경영인 | 이상용
편집주간 | 위원석 황서현
기획 | 문성환 박상경 임은선 최윤영 조은화 전두현 최인영 이혜인 정다이 이보람
디자인 | 김대형 유주현 임동렬 구현석 최우영 박인규
마케팅 | 이한주 김창규 이선희 이정인 이정원
저자·독자서비스 | 조다영 채한을(humanist@humanistbooks.com)
용지 | 화인페이퍼
인쇄 | 청아문화사
제본 | 정민문화사

발행처 | (주) 휴머니스트 출판그룹
출판등록 | 제313-2007-000007호(2007년 1월 5일)
주소 | (03991) 서울시 마포구 동교로23길 76(연남동)
전화 | 02-335-4422 팩스 | 02-334-3427
홈페이지 | www.humanistbooks.com

ISBN 978-89-5862-316-8 03900

* 이 도서의 국립중앙도서관 출판예정도서목록(CIP)은 서지정보유통지원시스템 홈페이지(http://seoji.nl.go.kr)와 국가자료공동목록시스템(http://www.nl.go.kr/kolisnet)에서 이용하실 수 있습니다.(CIP제어번호: CIP2016004084)

만든 사람들

편집주간 | 황서현
기획 | 정다이(jdy2001@humanistbooks.com) 박상경 전두현
편집 | 김인수
디자인 | 임동렬